明、清、民國時期珍稀老北京話歷史文獻整理與研究

兒女英雄傳評話（初印本）㈤

主　編　周建設

副主編　于潤琦　馮　蒸

首都師範大學出版社
CAPITAL NORMAL UNIVERSITY PRESS

圖書在版編目(CIP)數據

兒女英雄傳評話：初印本：全6冊/周建設主編.
—北京：首都師範大學出版社，2014.8
（明、清、民國時期珍稀老北京話歷史文獻整理與研究）
ISBN 978-7-5656-2032-4

Ⅰ.①兒… Ⅱ.①周… Ⅲ.①北京話-文獻-匯編-中國 Ⅳ.①H172.1

中國版本圖書館CIP數據核字(2014)第181467號

兒女英雄傳評話(初印本)㊄
周建設◎主編
責任編輯:趙自然　封面設計:劉銀霜
首都師範大學出版社出版
(北京西三環北路105號　郵政編碼100048)
(1)68418523(總編室)68982468(發行部)
(2)www.cnupn.com.cn
全國新華書店發行
湘潭市風帆印務有限公司印刷
710mm×1000mm　1/16　印張:25.75
2014年8月第1版
2014年8月第1次印刷
印數1-3000
ISBN 978-7-5656-2032-4
定價:516.00元

出版説明

北京是千年古都，在其歷史發展過程中，融合了多民族的文化習俗，尤其在語言方面，形成了極富特色的京腔、京韵，是北京文化中不可或缺的部分。隨着時代發展，人口流動頻繁，語言交互影響，老北京話中的精粹如京味兒小説、民謡童謡、方音字彙等，日漸淡出，已趨消亡之勢。

爲了更好地挖掘、保護和研究老北京話這一珍貴非物質文化遺産，首都師範大學北京話研究中心啓動了《明、清、民國時期珍稀老北京話歷史文獻整理與研究》項目。本項目是國家社科基金重點項目（編號：10AYY005）『三百年來北京話的歷史演變和現狀研究』、北京市社科重點項目（編號：12WYA002）『北京話的歷史與現狀研究』的學術成果，受到多方關注，同時得到了國家出版基金資助，及北京市教委科研基地建設項目、首都師範大學文化研究院的支持。該項目以對明、清、民國時期珍稀老北京話歷史文獻的整理與研究爲主要目的，并將之集結成册。本套叢書的編輯出版以『調查、整理、傳承、研究』爲基本方針，分小説、音韵、歌謡三大部分。編纂工作繁難復雜，兹將有關事宜略述如次：

一、小説部分。以明、清、民國時期京味兒小説爲主，涵蓋損公、徐劍膽、冷佛、文康等人的代表作品，主要介紹當時北京社會生活狀態、風俗文化、人情世故，同時保留了當時的北京話，反映了北京話的歷史變化。

二、音韵部分。包括記録明、清、民國時期北京語音的《音韵逢源》《京音字彙》和《南北方音》等韵書、字典。

三、歌謡部分。包括《一歲貨聲》《孺子歌圖》和《一八九六歌謡》等歌謡、吆喝。

四、每種圖書均由今人撰寫導讀一篇，主要簡述原作者生平、成書過程，該書思想内容、語言特色、學術價值、版本源流等，采用繁體竪排形式，置於該圖書之前，一并出版。爲方便閲讀，導讀中所引原書部分均進行標點。

五、本套書全部據原書影印出版。有些資料因年代久遠，珍貴難尋，或有個別頁碼缺失、字迹脱落現象，實難求全，謹以歷史文獻原貌呈現。

六、在部分圖書中，後来學者直接在書上作了校勘或標注，影印出版時亦予保留，以存原貌。

七、爲方便閲讀，保留了原書的扉頁、版權頁等。又每册之首均新編了目録，以便檢閲。

八、因當時印刷技術所限或人爲抄寫等原因，原書中會出現錯、脱、衍、乙字等情況，請注意辨别。

《明、清、民國時期珍稀老北京話歷史文獻整理與研究》文獻卷帙浩繁，時間倉促，難免出現缺失疏漏，誠望社會各界批評指正。

二〇一四年六月
編　者

目録

兒女英雄傳評話第三十二回

鄧九公關心身後名　褚大娘得意離筵酒

上回書表的是安家迎娶何玉鳳過門只因這日鄧九公幫的那分粧奩過於豐厚外來的如吹鼓手廚茶房以至抬夫轎夫這些閒襍人等過多京城地方的居而越大人的眼皮子越薄金子是黃的銀子是白的綾羅紬緞是紅的綠的這些人的眼珠子可是黑的一時看在眼裡議論紛紛再添上些枝兒葉兒就傳到一班小人耳朵裡料着安老爺家辦這喜事一定人人歡喜不加防範便成羣結夥而來想要下手不想被這位新娘子小小的游戲了一

陣來了幾個留下了幾個不曾跑脫一個這班賊好不掃興好容易遇見了一位寬宏大量的事主安老爺不要合小人爲難待要把他們放了這班人倒也天良發現知感知愧忽然不知從那裡橫撑船兒跑出這麼一個鄧九公來大家起先還只認作他也是個事主及至聽他自已道出字號來纔知他是個出來打報不平兒的這椿事通共與他無干又見他那陣吹鎊㗎詐來的過冲像是有點兒來頭不敢合他較正如今鬧是鬧了個烏烟瘴氣罵是罵了個破米糟糠也不官罷也不私休却叫他們把擦碎了的那路怒氣合一塊兒整上這分明是打主意揉搓活人

四個賊可急了就亂糟糟望着他道老爺子你老也得看破着些兒方纔聽你老那套交代是位老行家你老瞧作賊的落到這個場中算撒臉窩心到那頭兒了不怕分幾股子的贓擠住了都許倒的出來這摔了個紛碎的瓦可怎麽個整法兒呢眞個的作賊的還會變戲法兒嗎這不是人家本主兒都開了恩了你老抬抬腿兒我們小哥兒們就過去了出去也念你老的好處没别的祝贊你老壽活八十好不好這班賊大約也看出老頭子是個喜歡上順的來了那知恭維人也是世上一椿難事只這一句纔把他得罪透了他不問長短先向那班人惡狠狠的啐了

一口說道没你娘的與你九太爺今年小呢纔八十八呀你叫我壽活八十那不是活回來了嗎那算你咒我呢你先不用合我仙料着你們也犯不上這瓦我給你條明路這東西磚瓦鋪裡有賣的人家本家兒蓋房的時候也是拿錢兒買了來的你們摔了人家多少塊就只照樣兒買多少塊來給人家賠上索性勞你的駕連灰帶麻刀一就手兒給買了來再叫上他幾個泥水匠人多了好作活趁天氣早些兒收拾好了夜裡騰出工夫來你們好再幹你們的正經營生去講到買幾片瓦子也不值得打狠也似鬧的哩這麼一大陣由出你們歡迸亂跳這兩去買瓦[illegible]

下房上滾下來的合爐坑裡掏出來的那倆先把這院子破瓦揀開院子給人家打掃乾淨了也省得人家合怨那霍士道聽了這話心裡先說道好作賊的筭叫我們四個出了樣子咧有這麼着的還不及飽飽的作頓打遠遠的作盪發乾淨呢待要怎樣又不敢合他怎樣只有不住口的央及討饒他更不答言便向安公子要了枝筆蘸得他了向那四個臉上塗抹了一陣內中只有霍士道認識幾個字又苦於自已看不見自已的臉也不知他給畫拉了些甚麼望了望那三個臉上原來都寫着核桃來大小筆賊兩個字好像掛了一面不悮主顧的招牌待要上手去

擦兩隻手都倒剪着正在着急見他擱下筆便合方纔要把他們送官的那老頭子說張彩計你撥兩個硬掙些的人給我帶上他倆就這麽個模樣兒買瓦去手裡可帶住他拉腿的那把繩不怕他跑也由不得他不走有個關累贅的先叫他吃我五七拳頭再去那兩個賊聽了這話只急得嘴裡把老爺子叫得如流水說情愿照數賠瓦只求免得這場出醜怎奈他不來理論這話倒瞪着兩隻大眼睛搖頭擺腦指手畫脚的向那班賊交代道這話你們可得聽明白了人家本家兒算放了你們了没人家的事這全是我姓鄧的主意你們要不服過了事兒只管到山東

茌平縣岔道口二十八棵紅柳樹鄧家莊兒找我我那裡是個坐北朝南的廣樑大門門上掛一面黑漆金字匾上有名鎮江湖四個大字那就是我舍下我在舍下候着安老爺看他鬧了這半日早覺得君子不爲已甚這事儘可不必如此小題大作只是他正在得意場中迎頭一勸管取越勸越硬倒從旁讚道九哥你這辦法果然爽快只是家人們也鬧了半夜了也讓他們歇歇吃些東西再理會這事不遲因合張進寶使了個眼色吩咐道且把他們帶到外頭總着去張進寶會意便帶着衆家人七手八脚一個個拉住一把繩子轟猪一般的帶出二門去了不提

他這裡纔一甩手蹬身上了台堦兒進了屋子還嚷道我就不信咧北京城裡的賊這麽大字號他會不認得鄧九公褚大娘子道得了夠了偺們到那院裡坐去好讓人家拾掇屋子安老爺安太太也一面道乏往那邊讓那邊上房裡早已預備下點心無非素包子炸糕油炸菓甜漿粥麪茶之類衆女眷隨意吃了些纔去重新梳洗鄧九公這裡便合安老爺坐下又要了壺荸薺棗兒酒說昨日喝多了必得投一投安老爺合他一面喝酒只找些閒話來岔他因說道老哥哥我昨日一回家就問你說你睡了怎麽那麽早就睡下了呢鄧九公道老弟告訴不得你這兩天

在南城外頭只差了沒把我的腸子給慪斷了肺給氣炸了我越想越不耐煩邋加着越想越糊塗沒等兒回來鬧了會子倒頭就睡了安老爺道這話怎講我只說你城外聽這幾天戲一定聽得大樂我正想問問老哥哥也要聽個熱鬧兒怎麼倒如此說他連連的擺手說道再休提起我這肚子悶氣正因聽戲而起我說話再不會藏性我平日見老弟你那不愛聽戲等閒連個戲館子也不肯下我只說你過於獃氣誰知敢則這樁事真氣得壞人安老爺道想是戲唱得不好鄧九公道倒不在這上頭愚兄聽戲也就只瞧熱鬧兒那戲兒一齣是怎麼件事或者還許有

些知道的曲子就一竅兒不通了到了崑腔哼哼唧唧的我更不懂耍講那排場行頭把子可都比外省强便是不好大不過是個頑意兒也没甚麽可氣的我是被一起子聽戲的爺們把我氣着了這一天是不空和尚的東兒他先請我到了前門東裡一個窄衚衕子裡一間門面的一個小樓兒上去吃飯說呌作甚麽青陽居那杓口要屬京都第一及至上了樓要了菜喝上酒口味倒也罷了就只喝了没兩盅酒我就坐不住了安老爺道怎麽他又說道通共一間屋子上下兩層樓底下倒生着着烘烘的個大連二竈老弟你想這樓上的人要坐大了工夫兒有個不

成了烤焦包兒的嗎烏得我把帽子也摘了馬褂子也脫了不空和尚這東西大槩也瞧出我那難過來了他說路南裡有個雅座兒不偺們挪過那邊去座罷我聽說還有雅座兒好極了就忙忙的叫人提携着衣裳帽子零零星星連酒帶菜都搬到雅座兒去及至下了樓出了門兒蹓着車轍過去一看是座破栅欄門兒進去裡頭是廳裡巴臢的兩間頭髮舖從那一肩膀來寬的一個夾道子擠過去有一間座南朝北小灰棚兒敢則那就叫雅座兒那雅座兒只管後墻上有個南牕戶比沒牕戶還黑原故那後院子堆着比房簷兒還高的一院子硬煤那煤堆旁邊就

是個溺窩子太陽一曬還帶是一陣陣的往屋裡灌那臊轟轟的氣味我沒奈何的就着那臊味兒吃了一頓受罪飯我說我出去站站兒罷抬頭一看看見隔墻那三間大樓了我纔知這個地方敢是緊靠着常請我給他保驃的那個鏢行裡他老少掌櫃的我都認得連他懷抱兒倆小孫子兒一個叫增兒一個叫彥兒的我也見過早知如此借他家的地方兒吃不好嗎老弟你往下聽這可就要聽戲去了安老爺道我見城外頭好幾處戲園子呢那裡聽的鄧九公道我也沒那大工夫留這些閒心橫豎在前門西裡一個斷街兒裡頭街北是座紅貨鋪那園子門口兒

把擺那麼倆大筐筐裡堆着尚尖的瓜子兒那不空和尚這禿孽障這些事全在行進去定要佔下場門兒的兩間官座兒樓一問說都有人佔下了只得在順着戲台那間倒座兒樓上擠擠下及至坐下要想看戲得看着脊梁一開場唱的是余伯牙摔琴說這是個紅腳色我聽他這兒帶壞的鬧了那半天我已經煩的受不得了瞧了瞧那些聽戲的也有咂嘴兒的也有點頭兒的還有從丹田裡運着氣往外味好兒的還有幾個側着耳朵不錯眼珠兒的當一樁正經事在那裡聽的看他們那些樣子比那書上說的聞詩聞禮還聽得入神兒這個當兒那佔第二間樓的

聽戲的可就來了一個是個高身量兒的胖子白淨臉兒小鬍子兒嘴唇外頭露着半拉包牙又一個近視眼拱着肩兒是個瘦子這倆人七長八短毬毬蛋蛋的帶了倒有他娘的一大羣小旦要講到小旦這件東西更不對老弟你的胃脘了懸兒老顛狂却不嫌他爲甚麽呢他見了人請安磕頭低心小膽兒偺們高了興打過來罵過去他還得沒說强說沒笑强笑的哄着偺們在他只不過爲那掙幾兩銀子怪可憐不大見兒的及至我看了那個胖子的頑小旦纔知北京城小旦另有個頑法兒只見他一上樓就剛上了樓張羅了當中一坐那羣小旦前後左右的跑

上了桌子擺成這麼一個大兔兒爺攤子那個瘦子可倒躲在一邊兒坐着他們當着這班人敢則不敢提小旦兩個字都稱作相公偶然叫一聲一樣的二名不偏諱不肯提名道姓只稱他的號我正在那裡詫異又上來了那麼個水蛇腰的小旦望着那胖子也沒個裡兒表兒只聽見冲着他說了倆字這倆字我倒聽明白了說是肚香說了這倆字也上了棹子就儘靠着那胖子坐下倆人酸文假醋的滿嘴裡噴了回子四個字兒的匾這個當兒那位近視眼的可呆呆的只望着台上台上唱的正是蝴蝶夢裡的說親回話一個濃眉大眼黑不溜湫的小旦唧溜了半

天下去了不大的工夫卸了妝也上了那問樓那胖子先就讓道狀元夫人來矣那近視眼臉上那番得意立刻就像真是他夫人兒來了我只納悶兒怎麽狀元夫人到了北京城也下戲館子串座兒呢問了問不空和尚纔知那個胖子姓徐號叫作度香內城還有一個在旗姓華的這要算北京城城裡城外屬一屬二的兩位潤公子水蛇腰的那個東西叫作袁寶珠我瞧他那個大鑼鍋子哼哼哼哼的真也像他媽的個元寶豬原來他方纔說那肚香肚香就是叫那個胖子呢我這纔知道小旦叫老爺也興叫兒說這[illegible]

他說掛肩縮背的那個姓史叫作史進峯是位狀元公是史蝦米的親姪兒我也不知這史蝦米是誰又說那個黑小旦是這位狀元公最賞鑑的所以稱作狀元夫人我只愁他這位夫人儻然有別人叫他陪酒他可去不去呢安老爺微微一笑說豈有此理鄧九公道你打量這就完了嗎還有呢緊接着第一間樓上的聽戲的也來了一共四個人嘻嘻哈哈的頑笑成一團兒看那光景雖是一把子紫嘴子孩子却都像個世家子弟一坐下就講究的是叫小旦亂吵吵了一陣你叫誰我叫誰櫃上借了枝筆他自已花了倒有十來張手紙開條子可憐我見他那幾個跟

班兒的跑了倒有五七盪一個兒也沒叫了來落後從下場門兒裡鑽出個歪不楞的大腦袋小旦來一手純泥的猴兒指甲到那閣樓上來望着他四個不是勾頭兒不像哈腰兒橫豎離算請安遠着呢就棲在那個長臉兒的瘦子身旁坐下這一坐下可就五個人頭笑起來了那個瘦子叫了那小旦一聲梆子頭他就傍一聲爪一聲的道乏叫梆子頭難道你倒不叫嚏噴嗎還有那麼個肉眼凡胎溜尖的條膝子的不知又說了他一句甚麼他把那的個帽子往前一推腦杓子上吧就是一巴掌我只說這個小蛋蛋子可是要作鬧心鄉那知這羣爺們被他這一打這

一闖這纔樂了我可就再猜不出他們到底是誰給誰錢來了安老爺道這話大約是九兒你嫉惡太嚴何至說得如此鄧九公急了說老弟你只不信我此時說着還在這裡冒火你再聽罷可就越出越奇了第三間樓坐着五個人正面兒倆都戴着困秋兒穿着馬褂兒一個安慶口音一個湖北口音一時看不出是甚麼人來那三個不大的歲數兒都是白氈帽縧雲子挖鑲的抓地虎兒的靴子半截兒皮襖掩着懷搭包倒繫在裡頭不但打扮得一樣連長相兒也一樣那光景像是親弟兄這班人倒不頑笑只見他把那兩個戴困秋的讓在正面他三個倒左右相陪

你兄我弟的講交情交了個親照我一看這五個人不像一路的怎麽坐的到一處呢不空和尚這東西他也知道他說那兩個戴困秋的裡頭歲數大些那個赤紅臉姓虞叫虞太白那一個鼻子上紅糟瘖的要長楊梅瘡的姓鹿名字叫鹿亞元連上房纔唱摔琴的那個此外還有一個算四大名班裡的四個二寶硬腳兒我纔知道他兩個也是戲子我問他既唱戲怎的又合那三個小車豁子兒坐的到一處呢不空和尚指了我一指頭他又擺了擺手兒吐了吐舌頭問着他他便不肯往下說了老弟你知道這些[illegible]人到底都是誰呀安老爺道不惟不知知之也不消

提起大不外父兄失教子弟不堪八個大字但是養到這種兒子此中自然就該有個天道存焉了我倒怪九兄你旣這等氣不過何不那日就回來昨日又怎的在城外就擱一天呢鄧九公道何嘗不要回來也是不空和尙鬧的他說明日有好戲果然昨日換了一個和甚麼班唱的整本的施公案倒對我的勁兒我第一愛聽那張桂蘭盜去施公的御賜代天巡狩如朕親臨那面金牌施公訪到鳳凰張七家裡不但不罪他倒叫副將黃天霸合他成其好事眞正寬宏大量說的起宰相肚子裡撑得下船安老爺便道我的哥那是戲他道老弟這戲可是咱們大淸國的

實在事兒呀慢說施公的盡忠報國無人不知就連那黃天霸的老兒飛標黃三太我都趕上見過的那纔稱得起緑林中一條好漢呢安老爺笑道然則這事情是眞的施公是好的都是老兒你說的鄧九公綽着鬍子瞪着眼睛說道怎的不眞眞而又眞難道像施公那樣的人老弟你還看不上眼不成安老爺道既如此說怎的戲上張桂蘭盜去施公的金牌施公不罪他老哥你便道他是好我家這等四個毛賊踹碎了我幾片子瓦我要放他你又苦苦的不准是叫他賠定了瓦了這是怎麽個講究呢鄧九公聽了不覺哈哈大笑直笑的眼淚都出來了說老弟我敢

是又叫你繞了去了方纔我原因他說不認得鄧九公這句話其實叫人有些不平如今你要放他正是君子不見小人過得放手時須放手得饒人處且饒人僧們就把他放了罷安老爺這纔叫進張進寶來放那班人那班人還算良心不死後來三個敗過作了好人趁個小買賣兒只有霍士道因他哥哥不信他作賊不會得手兩個打起來他一口咬下他哥哥一隻耳朵來到底告到當官問了罪刺配到遠州惡郡去了那安老爺家的房子自有人照料修理不提自此鄧九公又把圍着京門子的名勝逛了幾處也就有些倦遊便擇定日子要趁着天氣回山東去安

老爺再三留他不住只得給他料理行裝想了想受他那等一分厚情此時要一定講到一酬一酢不惟力有不能況且他又是個便家轉覺餽出無辭義有未當便把他素來愛的家做活計內款器皿以及內造精細糕點路菜之類備辦了些又見天氣冷了給他作了幾件輕暖細毛行衣甚至如斗蓬臥龍袋一切衣服都備得齊整安太太合金玉姊妹另有送褚大娘子并幾他那個孩子的東西又有給他那位姨奶奶帶去的人事老頭兒看了十分歡喜這日正是安老爺同了張親家老爺帶同公子在上房給他餞行安太太便在西間合褚大娘子話別就請了舅太

太張親家太太作陪兩個媳婦也叫入坐老頭兒在席上看着安老夫妻的這個佳兒這雙佳婦鼎足而三未面因羨生感因感生歎便在座上擎着盃酒望着安老爺說道老弟呀愚兄自從八十四歲來京那盪臨走就合親友們說過我鄧老九此番出京大約往後沒再來的日子了誰想說不來說不來如今八十八了又走了這一盪這一盪把往日沒見過的世面也見着了沒吃過的東西也吃着了這都是小事還了了我們何家姑奶奶這麽一個大心願又合老弟你多結了一重緣法眞是萬般都有個定數如今我們爺兒們在這裡糟擾了這一程子臨走還承老

弟弟夫人這樣費心費事你我的交情我也不鬧那些虛
客套了照單全收不算外我竟還有個貪心不足要指名
合你要宗東西還有托付你的一樁事安老爺連忙道老
哥哥肯如此好極了但是我辦得來的弄得來的必能報
命他笑呵呵的乾了那盃酒說道這話不用我托你大約
你也一定辦得到除了你大約別人也未必弄得來只是
話到禮到我得說在頭前因又斟上酒端起來喝了一口
道老弟你瞧愚兄啊潤年潤月冒冒的九十歲的人了你
我此一別可不知那年再見講到我鄧老九一個無名白
出身兩肩膀扛張嘴仗老天的可憐衆親友們的台愛弄

得家成業就名利雙收我還那些兒不足只是一會兒價回過頭來往後看看拿我這麼一個人竟缺少條墳前拜孝的根我這心裡可有點子怪不平的說到這裡安老爺便說道九哥你這話我不以爲然洪範五福只講得個一曰壽二曰富三曰康寧四曰攸好德五曰考終命不曾講到兒子合作官兩椿事上可見人生有子無子作官或達或窮這是造化積有餘補不足的一點微權不在本人的身心性命上說話再我還有句話不是慪老哥哥要看你這老精神兒只怕還趕得上見個姪兒也不可知呢鄧九公聽了哈哈大笑起來說老弟那可就叫作六枝子捭拳

新樣兒的沒了對兒咧張老也說了一句道合該命裡有兒那可也是保不齊的不想座中坐着個褚一官正是個六枝子說給了與了他聽了只抵着嘴低着頭喝酒又不好搭岔兒這席上在這裡高談濶論安太太那席上都都在那裡靜聽聽到這裡舅太太便道九公這話我就有點子不服我也是個沒兒子的難道我這個乾女兒合你們這個大姑奶奶還抵不得人家的兒子嗎安太太也道這話正是鄧九公那邊早接口高聲叫道好話呀舅太太弟夫人我正爲這話要說因向安老爺說道不但我這女兒就是女婿也抵得一個兒子第一心地兒使得本領也不

弱只不過老實些兒沒甚麼大嘴末子爲甚麼從前我在道上的時候走一天拉扯他一天到了我歇了業了我也不叫他出去了原故走驃的這一行雖說仗藝業吃飯是樁合小人作對頭的勾當不是條平穩路老弟你只看饒是愚兄這麼個老坯兒還吃海馬周三那一合兒所以我想着將來另給他找條道兒圖個前程論愚兄的家計不是給他捐不起個白頂子藍頂子那花錢買來的官兒到底銅臭氣不氣長久從他離了我了設或遇見有個邊疆上的機會可得求下二叔想個方法兒叫他一刀一鎗的巴結個出身一樣的合賊打交道可就比保驃硬氣多

了這是一安老爺道這話也算九哥多交代老兒二百歲以後果然我作個後死着這事還怕不是我的責任再說只要有機會也不必專在你老人家二百歲後交給我罷請問要的那宗東西是甚麽呢鄧九公道這宗東西比這個又關乎要緊了老弟不是我合你說過的嗎我自從十八歲因一口氣上離了淮安水家搬到山東茌平落了籍算到今日之下整整兒的七十年不但我的房産地土都在這邊兒連墳地我都立在這裡了二位老人家我也請過來了我算不想在回老家咧到了我慶八十的這年又有位四川的木商朋友送了我副上好的建昌板我那一

頭兒的房子也罷了內囊兒的東西呢你姪女是給我預備妥當了甚麼時候說聲走我跐腿就走跟着老人家樂去了我就只短這麼一件東西這些年總沒張羅下恐兒還帶管是個怯殼兒還不知這東西我使的着使不着得先討老弟你個教安老爺道老哥哥你不必往下說我明白了你一定是要找一副吉祥陀羅經被那老頭兒聽了把頭一扭嘴一撇道呣我要那東西作甚麼呀我聽見說那都是那些王公大人還得萬歲爺賞纔使得找呢慢講我道分兒使不着就讓越着禮使了去也得活着對的起閻王爺死了他好敬偺們呌偺們好處托生啊不然的

兒女英雄傳　第三十二回　十六　聚珍堂

時候憑你就頂上個如來佛去也是瞎鬧哇陀羅被就中用了安老爺暗暗的諾意道不想這老兒不讀詩書見理竟能如此明決因說道既如此老哥哥你倒直說了罷只見他未曾開口臉上也帶三分愧色纔笑容可掬的說道我見他們那些有聽頭兒的人過去之後他的子孫往往的求那班名公老先生們把他平日的好處怎長怎短的給他寫那麽一大篇子也有說行述的行略的行狀的我也不知他准叫作甚麽是說這些事也不過是個紙上空談哪可不知怎麽個原故兒稀不要緊的平常事到了你們文墨人兒嘴裡一說就活眼活現的那麽怪有個聽頭

兒的到了劣兒可又有個甚麼可寫的只是我一輩子功名富貴都看得破只苦苦的願意聽人說一句鄧老九是個朋友所以我心裡想着將來也要弄這麼一篇子東西這話要不是我從去年結識得老弟你這麼個人我也沒這妄想原故我往往的見那些好戴高帽的爺們只要人給他上上兩句順他自己就忘了他自己是誰了帶着那人說的都是實話這話除了我別人還帶是全不配再不想那稗官詩上說的好別人懷寶劍我有筆如刀那文家子的那管筆的利害比我們武家子的傢伙還可怕看不得面子上只管寫得是好話暗裡魂消罵苦了他他還作

春夢呢老弟你知道的愚兄這學問兒本就有限萬一求人求得不的當他再指東殺西之乎者也的奚落我一陣我又看不澈那可不是我自尋的麼講到老弟你了不但我信得及你是個學問高不過心地厚不過的人我是怎麽個人兒你也深知愚兄别的書是都就了紹興酒喝了還記得那古文觀止上也不知那篇子裡頭有這麽的兩句話說生我者父母知我者鮑子也這一句話可就應在你我今日了如今我竟要求你的大筆把我的來踪去路實打實有一句說一句給我說這麽一篇將來我撒手一走之後叫我們姑爺在我墳頭裡給我立起一個小小的

石頭碣子來把老弟你這篇文章鐫在前面兒那背面兒上可就鐫上衆朋友好看我的名鎮江湖那兩個大字我也鬧了一輩子入過留名雁過留聲算是這麼件事老弟你瞧着行得行不得列公再不想鄧九公這等一個粗豪老頭兒忽然滿口大段的談起文來並且門外漢講行家話還被他講着些甘苦利害大是奇事世有不讀詩書的英雄此老近之矣更不想他又未能免俗忽然的動了個名想尤其大奇然而細按去那三代以下惟恐不好名這句話不是句平靜話名者實之歸也只看從開天畫卦起教耕稼制冠裳以至刪詩書定禮樂贊周易修春秋這幾

樁實實在在的事那一樁又不是個名想只是想不想其
權在人想得到身上想不到身上其權可在天天心至仁
且厚唯恐一物不妥其所不遂其生怎的又有個叫他想
不到身上之說殊不知人生在世萬事都許你想個法兒
尋些便宜獨到了這才名兩個字天公可大大的有些斟
酌所以叫作造物忌才又道是惟名與器不可以假人然
則天心豈不薄於實而轉厚於虛不仁於人而轉人於物
呢不然這大約就要看看那人的福命可載得起載不起
古今來一班偉人又何嘗不才名兩賦到了載不起縱使
[illegible]保全令名不終否則亦得虛名畢竟才無足取

甚而至於弄得身敗名隳的都有只這鄧九公充其量不過一個高陽酒徒又有多大的福命怎的天公保全了他一世此刻還許他遇着這位安水心先生要把他成造到名傳不朽要知只他那善善惡惡的性情心直口快排難解紛急人之急便是種福的根本種了這段福就許造這條命才不才這個名字兒天已經許他想得到手了何況這老頭兒還不是個不才之輩呢話雖如此說又何以見得他名傳不朽呢且莫講別的只這位燕北閒人一時閒得沒事幹偶然把他採入兒女英雄傳中已經比那有友五人為中的其三人福命不同了哇話休絮煩言歸正傳。

却說安老爺聽鄧九公講了半日，再不想他益發有這等見解，恰好這句話又正搔着自已癢處，先端起酒來一飲而盡，說道這更是我的事了。九哥你既專誠問我我便直言不諱。你要這宗東西，也不必等到你二百歲後，古人朋友想交忘形，有生爲立傳的，還有生吊生祭的。如今你我也不必作這駭人聽聞的事，是待我把老兄的平生事實作起一篇生傳來，索興請老兄看過了，將來在鐫在那通碑上。但是那塊匾上的名鎮江湖四個字只好留作個光耀門楣的用處，鐫在碑上却不合款。老哥你必要用也不妨，入在這篇文章裡一併鐫在碑陰上。安老爺纔說到這句早不是他的意思了嚷道哳者弟你給我的大筆倒要弄到後面去那正面可還配用甚麼呀安老爺拈着那小鬍子想了一想說道依我的主意那正面要從頭到底居中鐫上有清故義士鄧某之墓的一行大字老哥哥你道如何他纔聽完這句話樂得把那大把掌一拍拍得桌子上的碟兒盞兒山响說道着着着着是這麼着這話我心裡可有就只變不過這個灣兒來真小不起你們這文字班兒的就結了說着一疊連聲兒的叫快取熱酒來換大盃來公子連忙站起用大盃親自給他斟了一盃送過去他也不管那酒的冷熱雙手端起來咕嘟嘟一氣飲盡向安

老爺照着盃告了個乾說道老弟呀我鄧振彪這就足咧當下兩席上見他這等豪飲一個個都替他高興只有褚大娘子聽見他父親提到身後的事情心中有些難過勉强笑道人家二叔今日給送行你老人家不說找個開心的興頭話兒說說且提八百年後這些沒要緊的事作甚麽這叫作清晨吃晌飯早呢他只管滿臉笑容嘴裡這樣說却不禁不由的鼻子一酸那說話的聲音早已岔了鄧九公這邊說道姑奶奶這話你不懂你過來我說給你褚大娘子只得過這邊來安公子見了忙離席讓坐這褚一官也站起來張老纔要謙讓被鄧九公一把按住說道張

大你別動因合他女兒女婿說道你兩個可別把這話看作沒要緊不是我同你二叔的交情說不到這裡是這交情不是你二叔這個人也說不到這裡這纔是八百年難遇的第一件興頭事方纔的話你倆都聽明白了沒別的你兩口兒就至至誠誠的給你二叔磕個頭算替我謝謝他女兒女婿果然轉過身來望着安老爺便拜了下去慌的安老爺離座出席忙拉起褚一官又向褚大娘子作揖答禮說道這禮從何來這是你老人家的醉命了便回頭向安太太道太太快讓大姑奶奶歸坐去這個當兒金玉姊妹早已配着過來就便把他讓了過去安太太也出席

相迎不想他將走到席前望着安太太又磕下頭去安太太連忙攙起來道姑奶奶這是怎麼說就講你二叔爲你老人家也是該的可與我甚麽相干兒你行起這個大禮來褚大娘子站起來道我給你老人家磕這個頭可另是一件事我從在我們靑雲堡莊兒上見着你老人家那一天也不知怎的我心裡只合你老人家怪親香的就想認你老人家作個乾娘因爲關着我妹夫子這層續嬤嬤親戚我總覺我不配到了這回來了我還沒打回這個妄想去誰知那天我們老爺子在我何親家爹祠堂裡纔說得聽見他們這位小姑奶奶叫二叔二嬸聲父母就把他惹

翻了把我也唬住了今日之下他倒作了你老人家的媳
親兒女我這乾女兒可倒僄了我越瞧越有點子眼兒熱
此刻我父親合二叔交到這個分兒上借着我們這小姑
奶奶的光兒我總得叫我們老玉聲妹夫子我也不怕人
笑話我奴才親戚混巴高枝兒我今日可算認定了乾娘
咧把安太太喜歡的拉着他的手說道姑奶奶你那裡知
道我這心裡也合你一樣的想頭呢只是我通共比你纔
大上十幾歲呀我怎麼說的出口來呢你旣這麼說我正
少個女兒你就算我的女兒他聽安太太這樣說更加歡
喜纔待歸坐鄧九公那邊早又嚷起來了只聽他向安老

爺道了不得了不得我又落在後頭了我從那天聽見這張姑奶奶勸我們姑奶奶那番話我就恨不得立刻叫他聲好孩子想要認他作個乾女兒不想我的乾女兒沒得認成倒把個親女兒叫弟夫人拐了去了我有沒的那麼個女兒一般的徒弟又被你們抬了來了張老大你想想這事莫非欠些公道張老是個老實人只望着安老爺笑安老爺還沒及答言褚大娘子那邊早望着張金鳳說道聽見了䞇我可不管你本人肯不肯我先肯你們姐兒倆裡頭我總覺得你比他合我這一層兒似的我這心裡可[illegible]了就只得問張親家媽

答應不答應了因說道親家媽怎麼樣罷張親家太太把嘴向安太太一努說道那是他家的人我當不了他的家我可有個兒說的哪多個人兒疼不好喂安太太便道這更有趣兒了褚大娘子聽說早一把把張姑娘拉住要過那席去張姑娘笑着只看婆婆的眼色安老夫妻便叫他快給乾爺行禮鄧九公樂得前仰後合說了許多興頭話說我這纔氣平些兒因又合安張兩親家乾了一盃說道再不想一句話合我們張老大又結了一重緣這個當兒那邊舅太太早把何小姐攬在懷裡笑道我的孩兒呀快來罷幸虧我在船上先把你認下了不然你瞧他們爺兒

們娘兒們這陣橫搶硬奪的還了得了何玉鳳也摇着嘴笑個不住說道娘放心我是再沒人搶的了這屋裡的幾位老家兒不差甚麽八面兒我都佔下了一時安老夫妻便叫公子給鄧九公行禮鄧九公也叫公子帶褚一官過來給安太太磕頭將磕完了起來褚大娘子大馬金刀兒的坐在那裡合他女婿說道還有舅母合親家媽得認親呢勞動你再磕倆罷褚一官剛也會湊趣兒爬下就磕頭太太是坐在裡邊有個張太太擋着出不去只說得姑奶奶這個閙法兒連忙摸着頭把兒還了個禮張太太他也拜了一拜說這會可就都有骨血兒管着咧算一家子咧

說得大家轟堂大笑那褚一官過那邊去又拜了張老
這一陣亂拜何小姐早暗暗的拉了張姑娘一把又向公
子遞了個眼色三個人便走到褚大娘子跟前何小姐先
說道我們承姐姐這樣親熱今日也該服侍服侍姑奶奶
了說着便滿滿斟了一盃送過去褚大娘子樂得一飲而
盡纔得喝完張姑娘又奉過一盃來他便笑道你們就這
樣輪流着嚾我我也願意我到底也姑奶奶了哇說着又
是一盃他姊妹兩個纔閃開早見公子斟過一個大盃來
他道這一大下子可不是頑兒的還是那個小些兒的罷
張姑娘一旁低聲說道好意思的這麼大個兄弟敬老姐

姐一盃酒乾回他去這位娘子那好勝的脾氣兒也有些合乃翁相似便也接過來一氣飲乾登時吃得他杏眼微餳桃腮添暈一手擎着個空盃一手指着公子咬着牙縱着鼻兒笑容可掬的說道小舅爺子擱着你就是了公子因父親在那邊只笑着不敢多說心裡却想着了一句聖經賢傳暗說怪道說是不知子都之美者無目者也只他四個這陣亂舞鶯花慢講安張二家兩雙老夫妻看着十分歡喜一個鄧老頭兒直樂得話都沒了只張着個大嘴呵呵的傻笑不由得手彀酒酒彀口酒到杯乾一時主客幾個眼界裡無非樂境耳輪中都是歡聲便是那些服侍

的人無不一個個接耳交頭頌揚嘆賞甚至那樓頭的迸散都覺籌添短漏座上的鐙花也知笑展長眉只這席讌别小宴直把他幾個天理人情的人彼此連絡了個合意同心連這部兒女英雄傳的書也給穿插了個套頭裹腦那鄧九公直喝的眼睛有些粘糊糊的舌頭有些硬橛橛的了還在那裡左一杯右一盞的連叫斟酒褚大娘子恐怕他父親明日起不來悞了上路的吉時好勸歹勸的纔了兩遍他還吃了個封頂大杯纔盡歡而散一宿晚景提過到了次日那些行李車馱都是前兩天裝載妥當自有他的伴當押着起五更先行纔得天亮他父女翁婿合那

個孩子以及下人早已收拾了當吃了些東西便要告辭這等一般熱腸人彼此厮混了許多天怎生捨得不必講那褚大娘子拉拉這個看看那個已經哭得淚人兒一般只那鄧九公一一的辭過眾人到了何小姐跟前他也就忍淚不住勉强説道姑奶奶師傅把你送到這等個人家兒來師傅沒有甚麽惦記你的咧你倒也不必記掛着師傅交代了這句話他便一回身拉住安老爺説道老弟呀我合你此一别不知今生可得説到這裡早已滿面淚痕往下説不出來了幸而安老爺是個闊達人説道老哥哥不消如此你我今日暫别不久便當歡聚他一手擦着眼

淚搖着頭道老弟你這句話愚兄可有點兒信不及了安老爺道九哥且莫講人生聚散無常只你此番來京可是算得到拿得穩的況且轉眼就是你九十大慶小弟定要親到府上登堂奉祝就便把昨日說給你作的那篇生傳帶去當面請教他聽了這話擦乾了眼淚望着安老爺道老弟你這話當眞安老爺道小弟平生不敢輕諾況在老哥哥跟前豈肯失信他便一手拉着安老爺的手一手指着天說道老弟只你這一句話呀老天准留哥哥多活幾年等着你就是這樣哥哥走了說着他鬆了安老爺的手頭也不回帶了褚一官往外就走這裡褚大娘子見他父

親走了也不好流連只得辭了安太太一行女眷起身安太太大家一直送出腰廳纔回鄧九公站在大門外催着他女兒上了車他隨後上了車纔走安老爺頭一天就差人在彰義門外三藐菴備下茶尖便也合公子送下去走了約莫三五里地路旁有座小廟早見褚一官圈馬回來說他老人家要到廟裡儘個頭也請二叔下來歇歇安老爺只得跟了他到廟前下車看了看那廟門寫着三義廟三個字進去裡面只一層殿原來是漢昭烈帝合關聖張桓侯的香火安老爺向來是位重儒不佞佛的等閒不肯燒香拜廟只有見了關聖帝君定要行禮等鄧九公盡了頭

自已帶了公子也拜過神像那鄧九公便在神座前向安老爺說道老弟我曉得你定要遠遠的送我一程纔肯回去但是此去前途還有張老大合老程師爺諸位候着呢大槩我們各行裡的親友也在那裡老弟你就送到那裡也不得久談常言道得好送君千里終須別到了你我的交情大槩還見得過這三位尊神偺們就在這神聖面前一別安老爺固是不肯他道你我的心關帝菩薩看的明白何必如此安老爺見他這樣說法倒也不好相強當下這邊父子兩個那邊翁婿兩個只得各各作別一路出了廟門大家道聲珍重望着他車轔轔馬蕭蕭竟自長行去

了書裡按下鄧九公這邊不提卻說安老爺自他走後便張羅張親家的搬家他兩口兒擇吉搬過祠堂西邊那所新房去一應家具安置得妥當看了看頭上頂的是瓦房脚下跐的是磚地嘴裡吃喝的是香片茶大米飯渾身穿戴的是鍍金簪子綢面兒襖老頭兒老婆兒已是萬分知足依安老爺安太太還要供茶供飯他兩口兒再三苦辭安老爺因有當日他交付的何小姐在能仁寺送張金鳳那一百兩金子不曾動用便叫他女兒送他作了養老之貲張老又是個善於經營居積的弄得月間竟有數十吊錢進門他兩口兒卻仍照居鄉一般辛勤撙節着過度便

費着那日月從容之至只是他兩個時常要過前面來看看望望家裡那短一個支使看家的人就用安老爺的家人固是不便便是外面僱個不知根底的人來也不放心又兼他守分安常的慣了不肯總有幾文錢便學那小人作富行徑立刻就添些新花樣鬧個跟班兒的那也正在爲難誰想事有湊巧那燕北閒人又給他湊了兩個人來你道這人是誰原來第七回書說得他當日帶着女兒要到東京投奔的那個親戚正是那張太太娘家一個本家哥這人姓曾名興他有個小名兒叫作光兒他本是帶着家眷在京東一個糧行裡給人家管賬就那裡發了個

兒子因是七夕生的叫作阿巧那阿巧纔得十一二歲且是乖覺詹與在京東一住十餘年却也賺得幾十兩銀子在腰裡落後來因行裡換了東家他就辭了出來要想帶了老婆孩子回家把這項銀子合張老買幾畝地務種他那裡起身要回河南來正是張老夫妻這裡帶了女兒要投京東去路上彼此岔過去了不曾遇着及至到了家正碰見荒旱之後瘟疫流行那詹與在途中本就受了些風霜到家又傳染了時症一病不起嗚呼哀哉死了他妻子發送丈夫也花了許多錢再除了路上的盤纏那幾兩銀子也就所剩無幾只得權且帶了個十來歲的兒子勉強

度日這個當兒見了從京裡回來的鄉親們十個倒有八個講究說偺們這裡的張老實前去上京來投親不想在半路招了個北京官宦人家的女婿現在跟了女婿到京城享福去了詹典的妻子聽得這話想了想自己正在無依孩子又小便搭着河南小米子糧船上京倒來投奔張老想要找碗現成茶飯吃從通州下船一路問到這裡恰好正在張老搬家的前兩天安老爺安太太是第一肯作方便事的便作主給他留下一舉兩得又成全了一家人家正叫作勿以善小而不爲你看他家總是這般的作事法那上天怎的不暗中加護閒話休題却說安老爺總把

親家安頓的停妥不兩日便是何小姐新滿月因他沒個娘家沒處住對月這天便命他夫妻雙雙的到何公祠堂去行個禮張老夫妻如今住得正近況且又有了家了清早起來便到東邊祠堂來預備代東候安公子何小姐行過了禮就請到他家早飯把女兒張姑娘也請過來也買了些肉宰了隻雞只他那層嫂合阿巧一個買一個作到也弄得有些老老實實的田舍家風三個人吃得一飽回來晚間便是舅太太請過去那時因褚大娘子起了身騰出西耳房來舅太太仍就搬過去公子合金玉姊妹便在那邊吃過晚飯直到起更纔過這邊來先到上房伺候父

母公婆安置纔一同回房過了兩日安太太便吩咐人把那新房裡無用的錫器磁器衣架盆架等件歸着起來依然把那槽碧紗櫥安好分出裡外間張姑娘是豐着精神要張羅這個姐姐兩隻小脚兒多多哆哆的帶了一班嬤嬤僕婦使婢把鋪設貼落收拾得都合自己屋裡一樣果然把他三八那幅小照挪過這邊卧房來就把那張彈弓那口寶刀掛在左右又把那圓端硯擺在小照面前桌兒上歸結了他三個一段美滿良緣的新奇佳話何小姐也幫了他登棹子上板橙的忙個不了他兩個彼此說一陣慪一陣笑一陣一時眞算得占盡兒女閨房之樂只可憐

安公子經他兩個那日一激早立了個一飛沖天一鳴驚人的志氣要叫他姊妹看看我這安龍媒可作得到封侯夫婿的地步因此鄧九公走後忙忙的便把書房收拾出來一個人冷清清的下帷埋首合那班三代以上的聖賢苦磨道日直磨到二鼓纔回房來金玉姊妹連忙站起迎着讓坐張姑娘問道你瞧我給姐姐收拾的這屋子好不好公子裡外看了一遍說好極好極偏勞之至張姑娘道我們爬高下低的鬧了一天虧你也不來幫個忙兒不來姐姐的事情罷咧可怎麼敢勞動你呢公子道你這人怎麼這等不會說好話非是我不來幫忙兒要說這些掛畫

焚香的風雅事我不喜作也是我欺你兩個我自承你兩個那番詩酬之後深悟出這些事最於用功有礙所以古人說註虫魚者必非磊落之士也正是這個用意你且讓我一納頭扎在子曰詩云裡頭等我果然把那個舉人進士騙到手就鑄兩間金屋貯起你二位來亦無不可不强似的今日幫忙金玉姊妹兩個再不想那日一席話一激竟把他激成功了也暗自歡喜何小姐便說道妹妹說的是頑兒話其實還不是他們了頭女人們拾掇的我們兩個也只跟着攝了一陣倒是他纔說也要給我繡那麼一塊匾掛在這卧房門上你給想三個字兒公子略想了一

想說就用那屋的三個字就狠好何小姐道這你可是麽
貴兒了公子道非一瓣心香的瓣字却就是小照上那紅
袖添香伴着讀的伴字你兩個從此一位便可稱作伴香
女史一位便可稱作瓣香女史我便可稱作伴瓣主人只
是我又恐防你們嫌我這風雅這三方圖章也只好等後
年春闈之後再講罷那金玉姊妹兩個聽了也深服他這
心思敏捷各各道妙過了幾日張姑娘閒中果然照樣給
何小姐繡了伴香室三個字裝潢好了掛在他臥房門上
此是後話却說這晚他三個在何小姐這邊談了這一番
那天也就將近三鼓張姑娘站起來道不早了我要回家

睡覺了何小姐一把拉住他道今日可不許你空身兒走我要煩你順帶公文一角張姑娘早已明白只得掙着手要走怎奈被何小姐攥住手再掙不脫只得向何小姐耳邊說了句話何小姐這纔放手說滑再滑不過你了也不知真話啊也不知賺人呢張姑娘正色道豈有此理我要這樣賺姐姐說完兒話的事小那不是在姐姐跟前另存一個心了麼他說完這話纔待要走忽又想起回來說等我索與把今日的事情張羅完了再走因把桌子上的那盞燈拿起來剪了剪蠟花向安公子何小姐說道上月今日就是我送二位入的洞房今日還是我送二位賀新居

說着便拿着燈前面照着往臥房裡引他兩個也只得笑吟吟的隨他進去只見他把燈放在臥房裡桌兒上又悄悄的向何小姐道姐姐你老人家今日可好歹的不許再鬧到搬磋磚那兒咧何小姐聽了忍不住笑的前仰後合只是趕着要搶他的嘴他早一溜烟過西間去了安公子看了這番光景心裡暗說我依他兩個的話纔用了幾日的功他兩個果然就這等歡天喜地起來然則他兩個那天講的只要我一意讀書無論怎樣都是甘心情願的這句話真真是出於肺腑了幸是我那天不曾莽撞不然今日之下弄得一個扭頸彎項一個淚眼愁眉人生到此可討

何意味只這他等一想那發奮用功的心益發加了一倍
却又着了點兒書魔因拍手合何小姐笑道我安龍媒經
師傅合我講了半世的論語直到今日看了你姊妹兩個
纔得明白關雎樂而不淫哀而不傷這句書是怎的個講
法這正是春風時雨同沾化絳帳應輸錦帳多要知後事
如何下回書交代

兒女英雄傳評話第三十二回終

兒女英雄傳評話第三十三回

申庭訓喜克紹書香　話農功請同操家政

這書雖說是種消閒筆墨無當於文也要小小有些章法譬如畫家畫樹本幹枝節次第穿插布置了當仍須渲染烘托一番纔有生趣如書中的安水心佟孺人其本也安龍媒金玉姊妹其幹也皆正文也鄧家父女張老夫妻佟舅太太諸人其枝節也皆旁文也這班人自開卷第一回直寫到上回纔算一一的穿插布置妥貼自然還須加一番烘托渲染纔完得這一篇造因結果的文章這個因原從安水心先生身上造來這個果一定還向安水心先生

身上結去這回書便要表到安老爺却說安老爺自從那年中了進士用了個榜下知縣這其間過了三個年頭經了無限滄桑費了無限周折直到今日纔把那些離奇奇的事撥弄清楚得個心靜身閒理會到自己身上的正務理會到此第一件關心的便是公子的功名這日正遇無事便要當面囑咐他一番再給他定出個功課來好叫他依課程功准備來年鄉試當下叫了一聲玉格見公子不在跟前便合太太道太太你看玉格這孩子近來竟慌得有些外務了這幾天只一叫他總不見他在這裡難道一個成人的人了還只管終日猥獕在自己屋裡不成列

公你看安水心先生這幾句說話聽去未免覺得在兒子跟前有些督責過嚴爲人子者冬温夏凊昏定晨興出入扶持請席請衽也有個一定的儀節難道拉屎撒溺的工夫也不容他叫他没日夜的寸步不離左右不成却不知這安老爺另有一段說不出來的心事原來他因爲自巳辛苦一生遭際不偶此番回家早打了個再不出山的主意看了看這個兒子還可以造就便想要指着這個兒子身上出一出自巳一肚皮的骯髒氣也深愁他天分過高未免聰明有餘沉着不足又恰恰的在個有妻子剛娶妻子的時候一時兩美並收難保不爲着翠帷錦帳雨佳人

悞了他玉堂金馬三學士老爺此時正在滿腔的詩禮庭訓待教導兒子一番不想叫了一聲偏偏的不見公子趨而過庭便覺得有些拂意太太見老爺提着公子不大歡喜纔待着人去叫他又慮到儻他果然猥猫在自己屋裡一時找了來正觸在老爺氣頭兒上難免受場申飭只說了句他方纔還在這裡來着此時想是作甚麼去了他老夫妻一邊敎一邊養却都是疼兒子的一番苦心不想他老夫妻這番苦心偶然間中一問一答恰恰的被一個旁不相干的有心人聽見了倒着實的在那裡關切正暗合了朝中有人好作官的那句俗話朝中有人好作官這句

話列公切莫把他誤認作植黨營私一邊去你只看那些
上那班大小臣功若果然人人心裡都是一團人情天理
凡是國家利弊所在彼此痛癢相關大臣有個開見便訓
誡屬官末吏有個知識便規諫上憲一堂和氣大法小廉
不但省了深宮無限宵肝之勞暗中還成全了多少人才
培植了多少元氣你道這話與這段書甚麼相干從來道
家國一體地雖不同理則一也不信你只看這家那個得
用的大丫頭長姐兒都說這日當安老爺安太太說話的
時節那長姐兒正在一旁伺候他聽得老爺太太這番話
一時便想到生怕老爺爲着大爺動氣太太看着大爺心

疼大爺受了老爺的教導臉上下不來看着太太的憐惜心裡過不去兩位奶奶既不敢勸老爺又不好求太太更不便當着人周旋大爺這個當兒像我這個樣兒的受恩深重要不拿出個天良來多句話兒人家主兒不是花着錢糧米白養活奴才嗎想到這裡他便搭赸着過來看了看唾沫盒兒得汕了便拿上唾沫盒兒一溜烟出了上房後門繞到大爺的後牕戶跟前悄悄的叫了聲大奶奶又問道大爺在屋裡沒有張金鳳正在那裡給公公做年下帶的帽頭兒片兒何小姐這些細針線雖來不及趕來幫頂動個鍼線在那裡學着給婆婆做豎領兒這個當口鍼

是弄丟了一枚了線是揪折了兩條了他姊妹正在一頭說笑一頭作活聽得是長姐兒的聲音便問說是長姐姐嗎大爺沒在屋裡你進來坐坐兒不則他道奴才不進去了老爺那裡嗔着大爺總不在跟前兒呢得虧太太給遮掩過去了大爺上那兒去了二位奶奶打發個人兒告訴一聲兒去罷不然二位奶奶就上去答應一聲兒他說完了便趕身去汕了那個匣沫盒兒照舊回到上房來伺候金玉姊妹兩個便也放下活計到公婆跟前來太太見了他兩個便問玉格竟在家裡作甚麼呢何小姐答道沒在屋裡安老爺便縐眉蹙眼的問道那裡去了何小姐答道

只怕在書房裡呢罷安老爺道那書房自從騰給鄧九公住了這一向那些書還不曾歸着清楚亂騰騰的他一個人扎在那裡作甚麼何小姐道早收拾出來了從九公搬走的時候他就說等這位老人家走從騰出地方兒來我可得靜一靜兒了及至送了九公回來連第二天也等不得換上衣裳就帶着小子們收拾了半夜安老爺聽到這句便有些色喜何小姐又搭訕着往下說道媳婦們還笑他說何必忙在這一刻他說你們不懂自從父親出去這盪不曾成得名不曾立得業到吃了許多辛苦賠了若干銀錢逼共鋽起來這一盪不是去作官竟是爲了你我三

個人了如今不是容易纔完了你我的事難道你我作兒女的還忍得看着老人家再去苦掙了來養活你我不成所以我忙着收拾出書房來從明日起便要先合你兩個告一年半的假安太太道怎麽呀又怎麽不零不搭的單告一年半的假呢張姑娘接口道媳婦們也是這等問他他說道一年半裡頭除了父母安膳之外你兩個的事甚麽也不用來攪我外面的一切酒席應酬我打算可辭就辭可躲就躲便是在家我也一口酒不喝且儘這一年半的工夫打疊精神認眞用用功先把那舉人進士弄到手裡請二位老人家喜歡喜歡再講安老爺冷笑道他有多

大的學力福命敢說這等狂妄的滿話安太太道這可就呌作小馬兒乍行嫌路窄了何小姐又接着陪笑道婆婆只這等說還沒見他說這話的時候大媽媽似的那個樣兒呢蹵着腿兒綳着臉兒下巴頦兒底下又沒甚麼可儘着伸着三個指頭在那兒綹鬍子似的不住手的綹媳婦們兩個只說了句功也得用公婆跟前可也得想着常來伺候伺候只這句就教導起來了問着媳婦們說要你兩個作甚麼的此後我在書房裡父母跟前正要你兩個隨時替我留心便是你兩個也難得患難裡結成因緣彼此一同侍奉二位老人家凡家裡的大小事兒正該趁這年

紀學着作起來也好省一省母親的精神心力儻然父母有甚麽要使喚我的去處你們都不可拘泥我這話只管着人告訴我去說叫媳婦們像倆傻子又像倆三歲的孩子又不好笑他只好聽一句答應他一句此時公公要有甚麽話吩咐他媳婦叫人書房裡叫去安老爺方纔問這話的時節本是一臉的怒容及至聽了兩個媳婦這段話知道這個兒子不但能彀不爲情慾所累并且還能體貼出自己這番苦心來不禁喜出望外說道不信我們這個傻哥兒竟有這股子橫勁張姑娘也陪笑道自那天說了這話天天兒比個走遠道兒的還忙呢等不到天大亮就

起來慌着忙着漱漱口洗洗臉就走連個辮子也等不及梳公公不見他這些日子早上請安總是從外頭進來安老爺只喜得不住點頭因向太太道這小子果能如此其實叫人可疼列位請看普天下的婦道第一件開心的事無過丈夫當着他的面讚他自已養的兒子安太太方纔見老爺說公子慌的有些外務正揑一把汗怕丈夫動氣兒子吃虧不想兩個媳婦這一圓和老爺又這一誇獎況且安老爺向日的方正脾氣從不聽得他輕易誇一句兒子的今日忽然這樣談起來歡喜得老夫妻之間太太也給老爺鬧了個禮行科說道這還不是老爺平日教導的

好總因又望倆媳婦說道他這股子橫勁也不知是他自已聳出來的還是你們倆逼得懶驢子上了磨了呢安太太口裡只管是這等說其實心裡是因兒子疼媳婦的話那州這句話倒說着了那位打算詩酒風流的公子何嘗不是被他姊妹兩個一席話生生的把個懶驢子逼上了磨了呢然雖如此却也不可小看了這個懶驢子假如你撫論怎麼樣想着方法兒逼他上磨他是一個勁兒的屎溺多坐着坡不上定了磨了你又有甚麼法兒只是安老爺那樣厚德載福的人怎的會有恁般的兒子閒話少說却說安公子這日正在書房裡温習舊業坐到晌午兩位

大奶奶給送出來滾熱的燒餅又是一碟大炒肉炖疙疸片兒一碟兒風肉一小銚兒粳米粥恰好他讀文章讀得有些心裡發空正用得着便拿起筷子來揀了幾片風肉夾上纔咬了一口聽得父親叫登時想起父召無諾手執業則投之食在口則吐之走而不趨的這幾句禮記來便連忙恭恭敬敬的荅應了一聲嚥扔下筷子把嘴裡嚼的那口餑餑吐在桌子上口也不及漱站起來就不慌不忙斯斯文文行不由徑的走到上房來老爺一見先就笑容可掬的道罷了不必了我叫你原爲今日消閒想到明年鄉試要催你用起功來方纔聽得兩個媳婦說你自己已

經理會到此這更好了只是你現在的功課打算怎的個作法公子回道打算先讀幾天文章再作一兩篇文章且欽欽心思熟熟筆路安老爺道是便是了只這功課不是從這裡作起制藝這一道雖說是個騙功名的學業若經義不精史事不熟縱然文章作的錦簇花團終爲無本之學你的書雖說不生荒了也待好一年了只怕那程老夫子見你是個成人之學也就不肯照小學生一般教你背誦將來用着他時就未免自已信不及古人三餘讀書趁眼前這殘冬長夜正好把書理一理再動手作文章不遲讀的文章有我給你選的那三十篇啟禎二十篇近科園

墨簡鍊揣摩足夠了不多貪多倒是這理書的功夫切忌自欺不可涉獵一過從明日起給你二十天的限把你讀過的十三部經書以至論孟都給我理出來論不定我要吽你當着兩個媳婦背的小心當場出醜公子自然是聽一句應一句太太合二位少奶奶一邊是期望兒子一邊是關切夫婿覺得有老爺這幾句溫詞嚴諭更可勉勵他一番不想這話那個長姐兒聽見心裡倒不甚許可了他暗暗的納悶道喲這麼些書也不知有多少本兒二十天的工夫一個人兒那兒念的過來呀這要累着呢你道好笑不好笑人家自有天樣高明的嚴父地樣博厚的慈母

再加花朵兒般水晶也似的一對佳人守着還怕體貼不出這個賢郎這位快婿的念的過來念不過來累的着累不着干卿何事却要梅香來說勾當豈不大怪不怪撥情度理想了去此中也小小的有些天理人情列公如不見信只看孟子合告子兩個人抬了半生的硬槓抬到頭來也不過一個道得個食色性也一個道得個若乃有情則可以爲善矣閒話休提却說安老爺吩咐完了公子這話使合太太說道玉格的功名是我心裡第一樁事第二樁便是我家的家計我家雖不寬餘也還可以勉強溫飽都因我無端的官與發作幾乎弄得家破人亡還仗天祖之

蠢纔幸而作了個失馬塞翁如今要再去學那下車馮婦也就似乎大可不必了只是我既不再作出山之計此後衣食兩個字卻不可不早爲之計這樁事又苦放正是我的尺有所短這些年就全仗太太話雖如此難道巧媳婦還作得出沒米的粥來不成我想理財之道大約總不外乎生之者衆食之者寡爲之者疾用之者舒的這番道理爲今之計必須及早把我家這些無用的冗人去一去無益的繁費省一省此後自你我起都是粗茶淡飯絮襖布衣這纔是個久遠之計趁今日你我消閑兒媳婦又齊集在此何不大家計議起來太太道老爺這話慮得很是我

也是這麽想着就只這話說着容易作起來只怕也有好些行不去的就拿去人說我家這幾個中用些的家人都是老爺子手裡留下的去了一時又叫他們到那兒去就是這幾個僱工兒人這麽個大地方兒也得這些人纔照應的過來講到煩費第一老爺是不枉花錢的就是玉格這麽大了還出去逛個廟聽個戲都不會此外老爺想咱們家除了過日子之外還有甚麽煩費的地方兒硬就勉勉强强的摳搜些出來這個局面可就不像樣兒了至於大家的穿的戴的東西都是現成兒的並不是眼下得用錢現置難道此時倒棄了這個另去置綢襖布衣不成老

爺自想我這話說的是不是安老爺雖是研經鑄史的通品卻是個秤薪量水的外行聽了這話不惟是個至理並且是個實情早低下頭去發起悶來爲起難來半日說道這等講難道就坐以待斃不成太太道老爺別着急我心裡也慮了不是一天兒了但是這話要合我們玉格商量可是白商量商量不成他且合你背上一大套書沒的倒把八攪糊塗了倒是我娘兒三個前日說閑話兒倆媳婦說了個主意我聽着竟狠有點理兒左右閒着沒事老爺爲甚麽不叫他們說說老爺聽着可行不可行萬一可行或者他們說的有甚麽不是的地方老爺再給他們駁正

駁正我覺着那倒是個正經主意老爺道既如此叫他們都坐下慢慢的講安老爺是有個規矩的但是賜兒媳坐那些丫鬟們便搬過三張小矮櫈兒來也分個上下手他三個便斜籤着伺候父母公婆坐下這個禮節我說許的先以爲然何也呢往往見那些巨族大家禮多半禮重於情久之情爲禮制父子便難免有個不達之衷姑媳也就難免有個難伸之隱也是居家一個大病何如他家這等婦子家人聯爲一體豈不得些天倫樂趣至於那掛礼閑人著這段書大約酸翁之意未必在酒他想是算計到何玉鳳張金鳳兩個人四隻小脚兒逼共湊起來不夠營造

尺一尺零要吋他站着商量完了這樁事那腳後跟可就有些不行了當下安老爺見兒媳兩旁侍坐便問道你們是怎麽個見識盍各言爾志呢何小姐先說道媳婦們也是那天伺候婆婆閑話提到我家家計偶然說到這句話其實事情果然行得去行不去媳婦們兩個究竟弄得成弄不成此時也不敢說滿了還得請示公婆媳婦在那邊跟舅母住着的時候便聽得圍着這座莊園都是我家的地那時候聽着覺得離自己的心遠止當閑話兒聽過去了及至過來請示婆婆纔知這些地年終只進二百幾十兩銀子的租子問到這個根柢婆婆也不大清楚請示公

公果然的這等一塊大地怎的只進這些須租子我家這地到底有多少頃畝安老爺見問先阿噯了一聲說這句話竟破你兩個把我問倒了這項地原是我家祖上從龍進關的時候佔的一塊老圈地當日大的狠呢南北下裡南邊對着我家莊門那座山的山陽裡有一片楓樹林子那地方兒叫作紅葉村從那裡起直到莊後我合你說過的那個元武廟止東西下裡儘西頭兒有個大葦塘那地方叫作葦灘又叫作尾塘從那裡起直到東邊亢家村我那座青龍橋這方圓一片大地方當日都是我家的自從到我手裡便選莊頭年終交這幾兩租銀聽說當年再多

二十餘倍還不止大槩從佔過來的時候便有隱瞞下的失迷掉的甚至從前家人莊頭的詭弊暗中盜典的都有這話連我也只聽得說何小姐道只不知這老圈地我家可有個甚麽執照兒沒有安老爺說怎的沒有凡是老圈地都有部頒龍票那上面東西南北的四至都開得明白只是老年的地不論頃畝只在一夫之力一天能種這塊地的多少上計算叫作一晌所以那頃數至今我再也弄不清了何小姐道果然如此那就好說了有了執照不愁找不出四至的按着四至不愁核不出頃數來濕着頃數不愁查不出佃戶來佃戶一清那戶現在我家交租那戶不

在我家交租先得明白了便可查那不在我家交租的佃戶名下地租年年都交到甚麼人手裡查出下落來如果是失迷的隱瞞的怎能便由他隱瞞失迷只要不究他的以往便是我家從寬了即或其中有莊頭偸典出去的我們既有印契在手裡無論他典到甚的人家可以取得回來的如果典價無多拿着銀子照價取回來不合他計較長短也就是我家從寬了這等一辦又加增了進項又恢復了舊產豈不是好況且這地又不隔着三五百里都圍着家門口兒也容易查只要查得清楚或怕那租子比原數會多出來還定不得呢張姑娘道我姐姐這話說的可

眞不錯我到了倘們家這一年多聽了聽京裡置地敢則合外省不同止知合着地價計算租子再不想這一畝地有多大出息兒就拿高粱一項講除了高粱粒兒算莊稼高粱苗兒就是笤箒高粱桿兒就是秫稭剝下皮兒來就織蓆作囤剝出秸稭兒來就插箈插匣子看不得挪根子爺子只作柴火燒可是家家兒用得着的到了鄉下連那業于也不白扔那一樁不是利息合在一處便是一畝地的租了數兒就讓刨除佃戶的人工飯食牲口口糧去只怕也不止這幾兩銀子安老爺靜聽了半日向太太說道素來你聽他兩個這段話你我竟聞所未聞安太太道不

然我爲甚麽說他們說的有點理兒呢安老爺道我只不解算你兩個都認眞讀過幾年書應該粗知些文義罷了怎的便貫通到此這却出我意外何小姐笑說道公公只想我妹妹呢他家本就是個務農人家到了媳婦深山一住三年眼睛看的是這個耳朵聽的是這個便合那些村婆兒村姑兒講些閒話兒也無非這個媳婦們兩個本是公婆特地娶來的一個南山裡的一個北邨裡的怎的會不懂呢安老夫妻聽了這話益加歡喜安老爺便說道話雖如此也虧你兩個事事留心只是要清這項地也須費我無限精神便說弄清了果然有些莊頭私下典出去的

此時又那裡打算這許多地價公子聽到這裡便站起來稟道現放着鄧九大爺給玉鳳媳婦幫箱的那分東西呢老爺道咧那原是他師傅因他娘家沒人疼他的一點深心自然該留着他自已添補使用纔不負人家這番美意怎的作這項用起來公子又回道他兩個現在的服食器用都經父母操心賞得齊全既沒可添補的地方月間又有照例的月費及至有個額外用錢的去處還是合父母討他自已還用添補些甚麼自然該把這項進奉了父母作這椿正務纔是說着便跪了一跪說務必請父母賞收安太太道不害臊人家媳婦兒的東西怎麼用你來這麼

獻勤兒呀安太太這句話可招出他先天的一點兒書毒來了笑道回母親那是他的連他還是我的是我的便是父母的禮子婦無私貨無私畜無私器這等講起來那又是他的何况此舉本是出於媳婦玉鳳自己的意思並且不但他一人的意思便是金鳳媳婦也所見畧同不過這話禮應兒子代他們稟白纔合着倡隨的道理安太太道阿哥你别慪我你只合我簡簡捷捷的說話這也値得說了沒三句話又背上這麼一大車書誰知他這車書倒正合了乃翁之意早點頭道這話太太自然該聽不明白然而却正是婦道應曉得的那內則有云凡婦不命適私室

不敢退婦將有事大小必請於舅姑子婦無私貨無私畜無私器不敢私假不敢私與這篇書正所以補曲禮之不足玉格這話却是他讀書見道的地方金玉姊妹見公公有些首肯便一齊說道這項金銀現在旣白放着况且公公眼下是不打算出去的了便讓玉郎明年就中舉人後年就中進士離奉養父母養活這一家也還遠着的呢這個當兒正是我家一個靑黃不接的時候兒何况我家又本是個入不敷出的底子此後日用有個不足自然還得從這項裏添補着使與其等到幾年兒之後零星添補完了另打主意何如此時就這塡上定個老長久遠的主意

免得日後打算如果辦得有個成局不惟現在的日用夠了便是將來的子孫也進則可仕退亦可農這話不知公婆怹着怎麼樣安老爺聽了連連點首說道善哉三年之内無饑饉矣說了這句又低着頭尋思了半晌說道還有一節難處果然照這話辦起來自然要辦個澈底澄清那算方田核堆垜却得個專門行家我是遜謝不敏玉格又不能便是我家這幾個家人也没個能的豈不是依然由着那班莊頭撥弄公子道這椿事兒子倒看准了一個人就是我家這葉通便弄得來安老爺道他我平日只看他認得兩個字使着比個尋常小厮清楚些這些事他竟弄

得來瞞公子道不但會並且精兒子又怎的曉得因見我丈人常合他一處講究我丈人拿着本子九章算法問他幾塊怎樣畸零的田凑起來應合多少畝幾塊若干長短的田凑起來應合多少畝他拿着面算盤空手算着竟絲毫不錯及至他問我丈人多少地應收多少高糧麥子穀子我丈人不用打算盤說的數目却又合那算法本子上不差上下又是怎的一穀二米怎的一熟兩熟怎的分少聚多連那堆垛尖都說的出來據我看起來大約一邊是從核算來的一邊是從閱歷來的只我聽着覺得比作夏后氏五十而貢的那章考據題還難些安老爺歎道如

我父子正所謂不知稼穡艱難者也對之得無少愧公子原是說自已不通庶務不想惹得老人家也謙尊而光起來一時極力要斡旋這句話便道人有不爲也而後可以有爲便是大聖人也道得個吾不如老農吾不如老圃安老爺聽了便正色道這兩句書講錯了不是這等講法吾夫子說吾不如老農吾不如老圃這兩句話正是吾非斯人之徒與而誰與的鐵板註腳他老人家正在一腔的救世苦衷沒處發洩想道假如吾道得行正好同二三子共襄治理不想這樊遲是話不問偏偏的要請學稼請學圃起來夫子深恐他走入長沮桀溺的一路儻然這班門弟

子都要這等起來如營生何所以纔對症下藥合他講那上好禮的三句這兩個如字要作我不照像若農老圃一樣講不得作我不及老農老圃講合着下文的焉用稼一句纔是聖人口氣不然你只看道千乘之國使民以時的那個時字可是四體不勤五穀不分的人說的出來的安太太聽了聽事情不曾說出眉目他賢喬梓又講起講來了便道這不是憑人家媳婦兒在這裡說正經的老爺又鬧到孔夫子上去了這都是玉格惹出來的安老爺道天下事除了取法孔夫子那裡還尋得出個正經來太太可真被這位老爺慪的受不得了就說老爺咱們爺兒們娘兒

們現在商量的是吃飽飯那位孔夫子但凡有個吃飽飯的正經主意怎的周流列國的時候半道兒會斷了頓兒拿着升兒糴不出升米來呢這難道不是老爺講給我們聽的嗎安老爺道此正所謂君子固窮又浮海居夷所以發此浩嘆也安太太只剩了笑說道是了是了無論怎麼着罷算我們明白了就完了老爺此時只得想想倆媳婦這話是不是這主意可行不可行或者老爺還有個甚麼駁正指示的索性就把這話商量定規了安老爺道自古道疑人莫用用人莫疑他兩個既有這番志向又說的這等明白你我如今竟把這樁事責成他兩個辦起來纔是

他絜矩之道此時豈可悞會了那言前定事前定的兩句話轉去三思而行太太道不是喲我是猶疑這倆小人兒擔不起這麽大事來喲老爺道咳亦也爲之小孰能爲之大不必猶疑說完便吩咐公子道至於你講的那項金銀也可以不必一定送到我同你娘跟前來你只曉得那子橋無私貨爲通論可知求有府庫財非其財者也尤爲論之至通者只此一言可决不須再議因又回頭向太太說道我倒還有一說我往往見人到老來把這分家自已牢牢的把在手裡不肯交給兒孫我頗笑他不達細想起來大約他那不達也有兩般苦楚一般苦的是養著個不肖

的子孫先慮到把我一生艱難創造而來的山他任意揮霍而去及至我受了貧苦還得重新顧贍他的吃穿一般苦的是養着個好子孫又慮他雖有養志的孝心我却無自立的恒産便算我假作癡聾也得刻刻憐恤他的心力不足如今我家果然要把這舊業恢復回來大約足夠一年的吃穿用度便不愁他們有個心力不足了而看這三個孩子們居心行事還會冽亂揮霍不成你我就索性把這分家交給兩個媳婦掌管兩個人之中玉鳳媳婦是個明決氣象便叫他支應門庭金鳳媳婦是個細膩風光便叫他料量鹽米我老夫妻只替他們出個主意兒支個嘴

兒騰出我來也好趁着這未錮的聰明再補讀幾行未讀之書果有餘暇便任我流覽林泉寄情詩酒太太無事也好帶上個眼鏡兒刁袋烟兒看個牌兒充個老太太兒償一償這許多年的操持辛苦玉格却敎他一意用功鵠圖上進豈非我家不幸中之一大幸乎太太見老爺說的這等高興益加歡喜便道我想着也是這樣老爺既這樣說好極了因望着兩個媳婦笑道我再沒想到我熬了半輩子直熬到你們倆進了門我這鬭牌纔算奉了明文了這話暫且按下不表却說張太太自從搬出去之後每日家裡吃過早飯便進來照料照料遇着安老爺不在裡頭便

同舅太太台安太太閒話有個活計也幫着作作這日進來正值安老爺在家他坐了一刻便去找舅太太見舅太太正在那裡帶了兩個嬤嬤張羅他姐妹過冬的裡衣兒他也就幫着作起來舅太太是個好熱鬧沒脾氣的人也樂得借他醒醒脾兒解解悶兒便合他一面料理針線一面高談闊論起來兩個人雖不同道大約一樣的是不肯白吃親戚的茶飯的意思作了會子見天不早了便收了活過這邊來二人一同出了西遊廊角門順着遊廊過了鑽山門見將走到廳跟前恰好聽得安太太說到鬬牌算叅了明文的那句話舅太太便接聲道怎麼着鬬牌也叅

了明文咧好哇這可是日頭打西出來了姑太太快告訴我聽聽一面說着進了上房安老夫妻二位連忙把身讓坐便把合兩個媳婦方纔說的話大約說了一遍舅太太道我不管你們的家務我只問闘牌你們要談家務別就擱你們我們到妞妞屋裡去安老爺是位不苟言的便道這話何來我家的家務又幾時避過舅太太安太太道老爺理他呢他自來是這麽女生外向安老爺道阿你姑嫂兩個也算得二位老太太了當着兩個媳婦還是這等頑皮舅太太道姑老爺不用管我們的事我們不能像你那開口就是詩云閉口就是子曰的安太太道老爺聽人家

自己願意不是舅太太道你別仗着你們家的人多呀吋我們親家評一評咱們倆到底誰比誰大真個的十七的養了十八的了從來入行三日無劣把這位親家太太成日家合舅太太一處盤桓也鍊出嘴皮子來了便呵呵的笑道可是人家說的咧舅太太生怕說出燒火的養了當家的這句下文可就太不雅馴了幸而不是這句只聽他說道這可成了人家說的甚麼行子搖車兒裡的爺爺拄拐棍兒的孫子咧舅太太急的嚷道算了太太你老歇着罷他長我一輩兒你還不依一定要長我兩輩兒總算便宜呢安老爺只說得個羣居終日言不及義好行小慧難

矣哉惹得上上下下都笑個不住這裡頭金玉姊妹兩個人是彆着一肚子的正經話不曾說完被這一岔又怕將來作書的燕北閑人寫到這裡逗不上這個卯筍兒良久忍住笑接着同公婆道方纔的話公婆既都以爲可行交給媳婦們商量去這事竟靠媳婦們兩個也弄不成第一這踏勘丈量的事不是媳婦們能親自作的得合公婆討幾個人第二有了這班人要每日每事的都叫他們上來煩瑣那不依然得公婆操心嗎要說竟在媳婦屋裡辦也不合體統況且寫寫算算以至那些冊簿帳票也得歸着在一處得對的個公所地方第三事情辦得有些眉目銀

錢可就有了出入了人也就有了功過了得立下個一定章程這些事都得請示公公討個教導只這句話又把他尊翁的史學招出來了便向兩個媳婦說道你兩個須聽我說凡是决大計議大事不可不師古不可過泥古你兩個切切不可拘定了左傳上的稟命則不威專命則不孝這兩句話那晉太子申生原是處在一個家庭多故的時候所以他那班臣子纔有這番議論如今我家是一團天理人情何須顧慮及此稟命是你們的禮便專命也是省我們的心我合你們說句要言不煩的話閫以外將軍制之你們還有甚麽爲難的不成他姊妹兩個纔笑着答應

下來舅太太聽了半日問着他姊妹道這個話你們姐兒倆竟會明白了難道這個甚麼左傳右傳的你們也會轉轉清楚了嗎他姊妹道書上的話却不得體公公的意思是聽出來了舅太太綳着臉兒說道這麼說起來我們這倆外外姐姐要合人下象棋去算贏定了大家聽了這話不但安太太合安公子小夫妻三個不懂連安老爺聽了也覺詫異便問道這話怎的個講法舅太太道姑老爺不懂啊等我講給你聽有這麼一個人下得一盤稀臭的臭象棋見棋就下每下必輸沒奈何請了一位下高棋的跟着他在旁邊支着兒那下高棋的先囑咐他說支着兒容

易只不好當着人直說出來等你下到要緊地方兒我兵說句啞謎兒你依了我的話走再不得輸了這下與棋的大樂兩個人一同到了棋局合人下了一盤他這邊纔支上左邊的士那家兒就安了個當頭炮他又把左邊的車整上那家又在他右士角裡安了個車下來下去人家的馬也過了河了再一步就要打他的掛角將了他看了吾士是支不起來老將兒是躲不出去一時沒了主意只望着那支着兒的但聽那支着兒說道一桿長鎗一進說了幾遍他沒懂又輸了回來就埋怨那支着兒的那人說我支了那樣一個高着兒你不聽我的話怎的倒埋怨我他

說你何曾支着兒來着那人道難道方纔我沒叫你走那步馬麼他道何曾有這話那人急了說道你豈不聞一句長鎗通天徹地地下無人事不成城裡大姐去燒香鄉裡娘娘長爺短短長捷遥敬德打朝朝天鐙鐙裡藏身身宋清白白面潘安安安送米米麵油鹽鬧洞賓賓鴻稍書書膠南飛飛虎劉慶慶八十十個麻子九個俏俏冤家家家調世音因風吹火火燒戰船船頭借箭箭對狼牙牙牀上睡着個小妖精精靈古怪怪頭怪腦腦惱恨仇人太不良梁山上眾弟兄兄寬弟忍忍心害理理應如此此房出租出租的那所房子後院兒裡種着棵枇杷樹枇杷樹有[illegible]子桑

個驢耳朵是個驢子就能下馬你要早聽了我的話把左手閑着的那個馬別住象眼墊上他那個掛角將到底對挪了一步棋怎得會就輸你明白了沒有那下棋低頭想了半天說明白可明白了我寧可輸了都使得實在不能跟着你二韃子吃螺螄遶這麼大灣兒再不想姑老爺你這麼個大灣兒你家倆孩子竟會遶過來了這要下起象棋來有個不贏的嗎大家聽他數了這一套已就忍不住笑及至說完了安公子先驚不住噗哧一聲跑出去了張姑娘是笑得站不住躲到裡間屋裡伏在炕桌兒上笑去何小姐悶在一架穿衣鏡旁邊笑得肚腸子疼只把一隻

手扶着鏡子一隻手拄着肋條安老爺此時也不禁大笑不止嘴裡只說豈有此理豈有此理笑到極處把手往棹子上一拍却拍在一個茶盌上拍翻了盌潑了一棹子茶順着棹邊流下來他怕濕了衣裳連忙站起來一躲不防他變的一個小哈巴狗兒正在那踏底下爬着一腳正踹在狗爪子上把個狗踹得嘁嘁成一團兒這個當兒舅太太只管背了這麼一大套張親家太太是一個字兒不會聽明白也不知大家笑的是甚麼他只望着發怔及至聽見那個狗嘁嘁又見長姐兒抱在懷裡給他揉爪子張太太就問道咱兒咧不是轉了腰子咧恰巧張姑娘忍着笑

過來要合何小姐說話見他把支手拄着肋叉窩便問姐姐不是岔了氣了忽然聽他母親沒頭沒腦的問了這句便笑道媽這是怎麽了人家姐姐一個人麽也有會轉了腰子的這個岔一打大家又重新笑起來好容易大家住了笑安太太那裡還笑得喘不過氣兒來只拿着條小手巾兒不住的擦眼淚舅太太只沒事人兒似的說道也沒見我們這位姑太太一句話也值得笑的這麽着張太太道他鐵是又笑我呢安太太聽了忍不住又笑起來而笑得綳着個臉握着胸口連連擺着一支手說我笑的不是這個我笑的是我自己心裡的事兒子媳婦見這樣子只

圍着打聽母親婆婆笑甚麼太太是笑着說不出來安老爺一旁坐着斷斷不住了自已說道你們三個不用問了等我告訴你們罷我上頭還有你一位大大爺他從小兒就死了我行二我小時候的小名兒就叫作二韃子你舅母這個笑話兒說對了據了這個老故事兒眼前除了你母親合你舅母大約沒第三個人知道了安公子小夫妻以至那些媳婦子丫頭們聽了只管不敢笑也由不得掩堂大笑起來虧得這陣鬨堂大笑纔把這位老爺的一肚子酸文薰囘去了當下大家說笑一陣安太太便留親家太太吃過晚飯纔去話休絮煩卻說安公子自此一意溫

昔舊業金玉姊妹兩個門中把清理地畝這樁事商量停妥便請示明白公婆先派了張進寶作了個坐莊總辦派了晉升梁材華忠戴勤四個分投丈量地段派了葉通合領圖畝造具冊檔又請安老爺親自過去請定張親家老爺照料稽查凡是這班家人不在行的都由他指點張老起初也推故着辭了一辭怎奈安老爺再三懇求他又是個誠實人算了算也樂得作樁事兒既幫助了親戚又不抛荒歲月便一口應承他姊妹兒人安插妥了便把東院倒座兒東間收拾出來作了個公所窻戶上安了兩扇玻璃槅子凡有家人們回話都到窻前伺候他兩個便在臨

牕居中安了張棹子對面坐下隔牕問話但有不得明白的便請張親家老爺進來商辦一切安置齊備然後纔請過張親家老爺來並把那班家人傳到公婆跟前三面交代了一番先是安老爺頭兩天已經把這話吩咐過衆人到這日止冠冕堂皇曉諭了幾句便說道這話我前日都告訴明白你們了至於這樁事的辦法我都責承了你兩位大奶奶了隨又向金玉姊妹說你們再詳詳細細的囑咐他衆人一徧兩個人得了公公的話答應了一聲何小姐便先開口道其實公公既吩咐過了他們可以不須媳婦們再說但是既承公婆把家裡這麽一件要緊點兒的

事放心交給媳婦們倆小孩子帶着他們辦有幾句話自然得交代在頭裡好說着一扭臉便望着衆人說道你們可把我這話聽明白了張進寶先沉着嗓子答應了一聲嗻何小姐便吩咐道張爹你是第一個平日的不欺心兒不辭辛苦的不用我們囑咐我倒要囑咐你不必過於辛苦爲甚麽呢老爺既派你作個總辦這個歲數兒不必天天跟着他們跑只他衆人撥弄不開的地方親自到一到再嘴碎一點兒精神周到一點兒就有在裡頭了到了華忠戴勤兩個奶公老爺所以派你們的意思却爲平日看着你兩個一個耿直一個勤謹起見並不是因爲一個是

大爺的嬤嬤爹一個是我的嬤嬤爹必該派出來的就算爲這個你兩個可比別人更得多加一番小心講到許升梁材也是家裡兩三輩子的家人就是葉通受老爺太太的恩典日子淺主兒的性情家裡的規矩想來也該知道此時你們該是怎麽盡心怎麽竭力怎麽別偷懶怎麽別撒謊這些散話我都不合你們絮叨如今得先把這椿事的從那裡下手從那裡收功說給你們第一這椿事你大家不可先存一個畏難的心這個樣兒的冷天主兒抱炕手爐的圍着還嫌冷卻叫你們在漫荒野地丈量地去豈不顯得不體下些情然而沒法兒要不趁這地閑着的時

候丈量轉眼春暖農忙緊接着青苗在地就沒了丈量的日子了限你們明日後日兩天傳齊了那些莊頭把這話告訴明白了他們接着就查起來第二不可先存一個省事的心查起來你們四個人斷不許分開我豈不知把你們四個分作四路查着省事些無如這丈量的事斷不是一個人照料得過來的及至弄不清楚依然是由着莊頭怎麼說怎麼好不如不查了你們查的時候那怕三五畝地一兩家佃戶也罷總是你們四個同着葉通帶着承管的莊頭眼同着查從莊頭手裡起佃戶花名從佃戶名下查畝數從畝數裡頭查租價歸進來核總第三不可存一

個含混的心查的時候人不許分查過之後地可得分如莊稼地是一項菜園子是一項菓木莊子是一項棉花地是一項葦子地是一項某項各若干共若干查清楚了這裡頭還得分出個那是良田那是薄地那是高岸那是低窪將來纔分得出收成分數還得他們指明白了那是額租地那是養贍地那是劃利地這又爲甚麼呢假如把好地都儘莊頭佃戶佔了是壞地都算了主人家的額租這却使不得一總查明白了總上頭分派此外查到盜典出去的地莊頭佃戶既不屬我家管可得防他個不服你們查這事要得實賊給張爹了先告訴明白他說這地我們

服下就要贖的此時查明白了日後莊佃一槩不動不然等贖回來我家裏要另自派人招佃這話講在頭裏他大約也沒個不服查的理如果裡頭有個嚼牙的他也不過是個人罷咧我又有甚麼見不得他的呢只管帶來見我你們果真照我這話辦出個眉目來現在的地是滿了底了出去的地並落了實了兩下裡一擠那失迷的也失迷不了了隱瞞的也隱瞞不住了這件事可就算大功告成了此後再要查出個遺漏可就是你們幾個人的事了此時你們且打地去至於將來怎的個撥地怎的個分段怎的個招佃怎的個議租此時定法不是法你們再聽老爺

太太的吩附方纔這番話有你們聽不明白的只管問有我說的不是的只管駁總以家裡的事爲重辦得妥當莫說老爺太太還要施恩獎賞是個臉面即不然你們作家人的也同我們作兒女的一樣替老家兒省心給主兒出力都是該的設或辦得不妥當那一面兒的話還用我說嗎你們自然想得出來到那時候大家可得原諒我個没法兒衆人齊聲答應都說奴才們各秉天良儘力的巴結何小姐說完了這話老爺太太已經十分歡喜痛快又見張姑娘從袖裡取出一個經摺兒來送到安老爺跟前說道媳婦兩個還商量着這話怕家人們一時未必聽得淸

記得住所以按着這個辦法給他們開出一個章程來請
公公着說着臉又一紅笑道公公可別笑這可就是媳婦
胡畫拉的實在不像個字安老爺只知他識得幾個字却
不知他會寫接過來且不看那章程先看那字雖說不得
衛夫人美女簪花格却居然寫得周正勻淨再看了看那
章程雖沒甚麼大文法兒粗粗兒也還說明白了並且不
曾寫一個鼓兒詞上的字安老爺不禁大樂對公若果然
圍着京門子會有老圈地家裡再娶上一個北部裡的村
姑兒一個南山裡的孤女兒作兒子媳婦認眞都這麼神
棍兒似的倒也是世上一樁怪事好在我說書的是閉口

弄開舌你聽書的也是夢中聽夢話兒怪不怪且自解悶消閒却說安太太見老爺不住的讚那字生怕又招出一段酸文來打攪了話岔兒便說道老爺要看着沒甚麽改動的就交給他們細細兒的看看去罷安老爺且不往下交倒遞給張老爺看說親家你看却眞難爲這兩個小孩子張老此時是一肚子的耕種刨鋤磨礱篩簸斷想不到叫他看那文法字體接到手裡篇兒也沒翻仍舊遞給安老爺說道親家我不用瞧我們倆姑奶奶合我講究了這麽好幾天咧這麽着好啊早就該打這主意一來親家咱倆坐下輕易也講不到這上頭二來我的嘴又笨不大變

說話自從我到了你家裡這麼看着甚麼都請拿錢買去
世街上可那的這些錢呢安太太笑道親家老爺這些東
西要不拿錢買去可從那裡來呢張老道嗳親家太太也
怪不得你說這話你們都是金枝玉葉天子脚底下長大
了的可到那兒聽這些去呢等我說給你老公母倆聽你
只要把這地弄行了不差甚麼你家裡就有大半子不用
買的東西了要老爺聽了深爲詫異只聽他說道將纔我
們這姑奶奶不說要把這地分出幾項來媽就拿這莊稼
地說認眞的種上成塊的稻子你家的大米先省多了安
老爺笑道親家你這一句話就不知京城吃飯之難了京

裡仗的是南糧張老道仗南糧我只問你你上回帶我逛的那稻田塲那麽一大片人家怎麽種的咱們這裡又四面八方守着河安上他兩盤水車子還愁車不上水來呀要不用車挖了水道僱上四個長工戽水也夠使的了趕到收了稻子一年喝不了的香稻米粥還剩若干的稻草喂牲口呢麥子一熟吃新鮮麵不算外還帶管不攙假要拌個碾轉子吃也不用買趕到磨出麵來喂牲口的麩子也有了那豆子高糧穀子還用說嗎再說菜有的是那麽兩三塊大園子人要種個嗎兒菜地就會長個嗎兒菜除了天天的水菜到了醃菜過冬的時候咱還用整車的買

疙疸白菜大捆的買王瓜韮菜去作甚麼呀有了麵有了豆子有了芝蔴還作醬磨香油咱自家也就弄了再說那菓木莊子咧我看你家這塊地裡大大小小倒有四五個山頭子呢那山上的菓子可就不少鮮的乾的那件是居家用不着的又那件子是不得拿錢買的棉花更不用講了是說你家爺兒們娘兒們不穿布糙衣裳這些老媽媽子們哪小女孩子們哪往後來倆姑奶奶再都抱了娃子那不用個幾尺粗布嘍張姑娘聽了悄悄兒合何小姐說道說的好好兒的這又說到二層裡去了兩個正在說着只聽安太太笑道親家說的這話可真有理只是你，我家這些人那是個會紡線織布的難道就穿這麼一身棉花桃兒媽他道怎麼沒人兒會呀你親家母就會他們家大妗子也會你只問閨女他說得不會呀張姑娘又悄悄兒的道索性閨女也來了那張老說得一團高興也不管他說甚麼又道等着偺多早晚置他兩張機幾呀紡車子就算你家這些二奶奶們學不來罷這些佃戶的娘兒們那個不會找了他們來按着短工給他工錢再給上兩頓小米子鹹菜飯一頓粥等織出布來親家太太你摟摟算盤看一疋布管比買的便宜多少再要講到燒熠兒還地都是山上的乾樹枝子地下的乾草蔴葦葉子高粱爸子

那不是燒的不過親家你們這大戶人家沒這麼作踐啊說也灘要不了這些東西如今你不把這地弄行了嗎將來議租的時候可就合他們說開了甚麼是該年終供給偺的按季供給偺的按月供給偺的按天供給偺的除了他供給偺的東西除外的都折了租子你瞧一天比一天進的錢兒是多了出的錢兒是少了你家辦着吃也吃不了了為甚麼人家說靠天吃飯賴天穿衣呢那都得拿錢買呢我沒說嗎我說話不會要舌頭這也是在親家你家他們底下的夥伴兒們沒個吊猴的這要有個吊猴的得了這話還不夠他們罵我的呢安老夫妻兩個聽了他這

段老實話大合心意一時覺得這個鄉裡親家比那忙於年節八盒兒的城裡親家大有用處便說好極了這也不是一時的事我們算一總求下親家了安老爺說着站起來又給他打了一躬不想這話張進寶在旁邊聽了不但不弔猴他比主人還快活說道奴才還有句糊塗話咱們家如今既難得娶了這麼兩位太奶奶又遇着好才親家老爺肯幫着老爺太太可別猶疑覺得拿着咱們這樣個門子怎麼學着打起這個小算盤來了那話別聽他這是個根本早該這樣安老爺道好極了我正為親家老爺面上有句話交代你們你先見到這裡更好纔待要說他早

聽出老爺的話來回道老爺太太請放心奴才沒回過嗎都是主兒別講親家老爺還是爲咱們的事再向來親家老爺帶奴才們也最恩寬衆家人有一點兒差錯老爺惟奴才是問安老爺又說了句狠好便把那個經摺兒交下去他纔帶了大家退下去却說張進寶領了衆人下去又合他們嘮叨了一番張親家老爺坐了會子也就告辭閑中也周旋了大家幾句過了兩日便次第的踏勘丈量起來這話不但不是三五句可了也不是三兩月可完他家只覺得忙過殘冬早到新春開春之後纔交穀雨便是麥秋纔過芒種便是大秋漸漸的槐花是黄起來了舉子是

忙起來了這大半年的功夫公子是除了誦讀之外每月三六九日的文課每日一首試帖詩都是安老爺親自命題批閱那公子却也眞個足不出戸目不窺園日就月將功夫大進轉眼間已是八月初旬場期近矣這正是利用始知耕織好名成須仗父兄賢要知後事何如下回書交代

兒女英雄傳評話第三十三回終

兒女英雄傳評話第三十四回

屏紈袴穩步試雲程　破寂寥閒心談月夜

這回書話表安公子從去冬埋首用功光陰荏苒早又今秋歲考也考過了馬步箭也看過了看看的場期將近這日正是七月二十五日次日二十六便是他文場日期晚飯飯過無事便在他父親前請領明日的題目安老爺吩咐道明日這一課不是照往日一樣作法你近日的工夫却大有進境只你這番是頭一次進場場裏雖說有三天的限其實除了進場出場再除去吃睡不過一天半的工夫這其間三篇文章一首詩再加上補錄草稿挑附一番

筆下慢些便不得從容你向來作文筆下雖不遲鈍只不會照場規鍊過明日這課我要試你一試一交寅初你就起來我也陪你起個早你跟我吃些東西等到寅正出去發給你題目便在我講學的那個所在作起來限你不准繼燭把三文一詩作完吃過晚飯再謄正交卷却不可潦草塞責我就在那裡作個監試官經這樣作一番不但我得放心你自已也有些把握說着便合太太說太太明日給我們弄些吃的太太自是高興却又不免替公子懸心便道老爺何必還起那麼早啊有他師傅呢還是叫他拿到書房裡弄去罷當着老爺別再唬的作不上來老爺又

該生氣了太太這話不但二位少奶奶覺得是這樣好進那個不須他過慮的司馬長卿也望着老爺俯允不想安老爺早沉着個臉答道然則進場在那萬餘人面前作不作呢何况還有主考房官要等把這三篇文章一首詩合那萬餘人比試又當如何太太聽了無法因吩咐公子道既那麽着快睡去罷公子下來再不道老人家還要面試進了屋子便忙忙的脱衣睡覺金玉姊妹兩個生怕他明日起在老爺後頭兩個人換替着熬了一夜不曾打寅初便把公子叫醒梳洗穿衣上去幸喜老爺還不曾出堂少刻老爺出來連太太也起來了便道你們倆送場來了當

下公子跟着老爺飽飡一頓到了外面筆硯燈燭早已備得齊整安老爺出來坐下便向懷裡取出一個封着口的紅紙包兒來交給公子道就在這屋裡作起來罷自已却在對面那間坐去拿了本朱子大全在燈下看又派了華忠伺候公子茶水却說公子領下題目來折開一看見頭題是孝者所以是君也一句二題是達巷黨人曰一節三題是中也者天下之大本也和也者天下之達道也四句詩題是賦得講易見天心下面旁寫着得心字五言六韻且住待說書的來问個分這詩文一道說書的是不會發到但是也曾見那刻本兒上都刻得是五言八韻怎的安

老爺只限了六韻呢便疑到這個字是個筆誤提起筆來就給他改了個八字也彷着說這回書的時節免得被個通品聽見笑說我是個外行不想這日果然來了個通品聽我的書他聽到這裡說道說書的你這書說錯了這兒女英雄傳既是康熙雍正年間的事那時候不但不曾奉試帖增到八韻的特旨也不曾奉文章只限七百字的功令就連二場還是常習一經三場還有論判呢怎的那安水心在幾十年前就料他公子作起八韻詩來了我這幾明白此道中不是認得幾個字兒就胡鬧得口混動得手的從此再不敢強不知以爲知了閒話少說言歸正傳却

說安公子看了那詩文題目心下暗道老人家這三個題目是怎的個命意呢摹擬了半日一時明白過來道這頭題正是教孝教忠的本旨三題是要我認定性情作人第二個題目大約是老人家的自況了那詩題老人家是還於用易的不消講得想罷便把那題目條兒高高的粘起來望着他謀篇立意選詞琢句一面研得墨濃蘸得筆飽落起草來及至安老爺那邊纔要早飯他一個頭篇一首詩早得了二篇的大意也有了那時安老爺早把程師爺請過來一同早飯公子跟着吃飯的這個當兒老爺也不問他作到那裡一時吃罷了飯他出來走了走便動手作

那二三篇那消繼燭只在申正的光景三文一詩早已脫稿又仔細斟酌了一番那也累得過身是汗因要過去先見見父親回一句稿子有了覺得累的紅頭漲臉的不好過去便叫華忠進去取了小銅鏇子來濕個手巾擦臉華忠到了裡頭正遇着舅太太在那裡合倆奶奶閒話那個長姐兒也在跟前大家還不會開得口那長姐兒見了他便先問道華大爺大爺那文章作上幾篇兒來了華忠道幾篇兒只怕全得了這會子擦了臉就要送給老爺瞧去了舅太太便合長姐兒道你這孩子纔叫他傾的狗拿耗子呢你又懂得幾篇兒是幾篇兒他自己一想果然這話

問得多點兒是一時不好意思便道奴才可那兒懂得這些事呢奴才是怕奴才太太惦着等奴才先回奴才太太一句去說着梗梗着個兩把兒頭如飛而去話休絮煩却說公子過來見程師爺正在那裡合老爺議論今年還不曉得是一班僚屬色進去呢那莫吳兩公也不知有分無分正說着老爺見公子拿着稿子過來問道你倒作完了嗎因說既如此我們早些吃飯讓你吃了飯好騰出來公子此時飯也顧不得吃了回道方纔舅母送了些吃的出來吃多了可以不吃飯了莫如早些騰出來省得父親合師爺等着老爺道就這樣發憤忘食起來也好就由你

去一時要了飯老爺便合程師爺飲了兩杯飯後又合程師爺下了盤棋程師爺讓九個子兒老爺還輸九十着他撤着京腔笑道老翁的本領我諸都佩服只有這盤棋是合我下不來的莫如合他下一盤罷老爺道誰抬頭一看纔見葉通站在那裡老爺因他這次算那拋册弄得極其精細考了考他肚子裡竟零零碎碎有些個頗覺他有點出息兒一時高興便換過白子兒來同他下了一盤程師爺苦苦的給老爺先擺上五個子兒葉通還是儘力的讓着下下來下去打起刼來老爺依然大敗虧輸盤上的白子兒不差甚麼没了說道不想陽溝裡也會翻船程師爺

便笑道老翁這盤棋雖在陽溝裡那船也竟會翻的呢老爺也不覺大笑道正不可解這樁事我總合他不大相近這大約也關乎性情還記得小時節長夏完了功課先生也曾教過只不肯學先生還道你怎的連博奕猶賢這句書也不記得你不肯學便作一首無所用心的詩我看先生是個村我的意思這首詩怎的好作你看我小時節渾不渾便口占了一首七截對先生道平生是物總關情雅謔紛紛局一枰不是甚難甘袖手嫌他黑白太分明這話將近四十年了如今年過知非想起幼年這些不知天高地學的話來真覺愧悔說話間 公子早謄清詩文交卷來

了安老爺接過頭篇來看着便把二篇勻給程師爺看老爺這剛纔看了前八行便道這個小講倒難爲你程師爺聽了便丟下那篇過來看這篇只見那起講寫道

且孝經一書士章僅十二言不別言忠非略也蓋資事父即爲事君之地求忠臣必於孝子之門自晚近空談拜獻喜競事功視子臣爲二人遂不得不分家國爲兩事究之分閫未集內視已慚而後嘆孝經一書所包者爲約而廣也

程師爺看完了道妙又說只這個前八行已經拉到閒着那枝筆不容他不圈了說着便歸坐看那一篇一時各各

的看完了彼此換過來看因合老爺道老翁你看那二篇的收尾一轉何如安老爺接過來一面看着一面點頭及至看到結尾的一段見寫道是

此殆夫子聞蓮巷黨人之言所以謂門弟子之意歟不然蓮巷黨人果知夫子夫子如聞魯太宰之言可也其不知夫子夫子如聞陳司敗之言可也況君車則卿御卿車則大夫御御實特重於周官適衛則冉有僕在魯則樊遲御御亦習聞於吾黨御固非卑者事也夫子又何至每況愈下以所執尤卑者爲之諷識意此學者所當廢書三歎歟

老爺看罷連連點頭不覺捻着鬍子番着白眼望空長歎了一聲道這句話却未經人道程師爺便道他這段文字全得力於他那破題的惟大聖以學御世宜非執名以求者所知也的兩句所以小講纔有那聖人運而在上執所學以君天下而天下仰之窮而在下執所學以師天下而天下亦仰之的幾句名貴句子早作了後股裡面出股的執以居魯適周之齊楚之宋衛之陳蔡合成對股的執以訂經正樂刪詩書贊周易修春秋的兩個大柱意的張本且從博學成名把這個御字打成一片怎得不逼出這後一段來繼入道的好文字來一時程師爺把那三篇看完

大吽恭喜恭喜中了中了只這第三篇的結句便是個佳識老爺笑問怎的他便高聲朗誦道

此中庸之極詣性情之大同人所難能亦人所盡能也故曰其勤也中

說着又看了那首詩安老爺便讓稱師爺加墨程師爺道不今日這課是老翁特地要看看他的眞面目兄弟圈點起來誘掖勸之下未免總要看得寬些竟是老翁自已來安老爺便看頭二篇把三篇合詩請程師爺圈點一時都圈點出來老爺見那詩裡的一輪探月窟數點透梅岑兩句程師爺只圈了兩個單圈便問道大哥這樣兩句好

詩怎麽你倒没看出來程師爺道我終覺這等題目用這些花月字面離題還些安老爺道不然你看他這月窟梅岑都用得是月到天心處合數點梅花天地心兩句的典那探字透字又不脱那個講字竟把講易見天心這個題目扣得工穩的狠呢程師爺拍案道阿附老翁你這雙眼睛真了不得說着拿起筆來便加了幾個密圈又在詩文後加了一個總批那程師爺的批語不過照例幾句通套讚語安老爺看了便在他那批語後頭提筆寫了兩行批道是

三秋亦無他長祇讀書有得便說理無障動中肯綮

詩亦熨貼工穩持此與多士爭衡庶不爲持衡者齒
冷秋風日勁企手望之
公子見這幾句獎勉交至的庭訓竟大有個許可之意自
已也覺得意一時程師爺便讓老爺帶了公子進去歇息
又笑道今日老翁自然要有些獎賞纔好教學生益知勉
學老爺道這個自然說着程師爺拿了他的毛竹烟管藍
布烟口袋去了却說公子隨安老爺進來太太迎着門兒
便問道沒鑽狗洞阿安老爺道豈但今日竟算難爲他的
了太太見老爺露着喜歡坐下便笑問道老爺瞧我們玉
格這回考去到底有點邊兒沒有呢老爺未曾開口先動

了點兒罕譬說道這話實在難講這科名一路兩句千古顛撲不破的話叫作牕下休言命場中莫論文照上句講自然文章是個憑據講到下句依然避得聽命去那就他的文章論近來都頗頗的靠得住了所不可知者命耳況且他纔第一次觀光那裡就敢望僥倖只要出場後文章見得人使再遲些發達也未爲不可只不可步乃翁的後塵就是了說着便回頭吩咐公子道你今日作了這課從明日起便不必作文章了場前的工夫第一要慎起居節飲食再則清早起來把摹本流覽一番斂一斂神晚上再靜坐一刻養一養氣白日裡倒是走走散散找人談談否

則閒中望望行雲聽聽流水都可活潑天機到塲屋裡提起筆來纔得氣沛詞充文思不滯我這裡還給你留着件東西待我親自取來給你說着便站起來叫人拿了燈到西屋裡去公子見老爺親身取去這件東西一定因師傅方纔的話有件甚麽珍甚重器皿獎賞不一刻只見老爺從西屋裡把自已當年下塲的那個考藍用一隻手將出來看了看那個荆條考藍經了三十餘年的雨打風吹烟薰火燎都黑黄黯淡的看不出地兒來了幸是那老年的東西還寶在那布帶子還是當日太太親自縫的縫的依然完好列公你道安老夫妻既指望兒子讀書下塲怎的還

考具都不肯給他留一分原來依安太太的意思從老爺早就張羅要給兒子精精緻緻從頭置分考具無奈老爺執意不許說必得用這一分纔合着弓冶箕裘的大義這番太太收拾出來還要親自作一番交代因此纔親自去拿便取了出來滿臉堆歡的向公子道此我三十年前故態也便是裡頭這幾件東西也都是我的青氈故物如今就把這分衣鉢薪傳給你也算我家一個十六字心傳了列公你看有是父必有是子那公子見父親賞了這分東西說了這段話真個比得了件珍寶他還心喜連忙跪下雙手接過來放在桌兒上安太太合老爺向來是相敬如賓

的方纔見老爺站起來太太早不肯坐下及至拿了這個藍子來便站在棹兒跟前揭開那個藍蓋兒把裡頭裝的東西一件一件拿出來交付公子金玉姊妹兩個也過來幫着檢點只見裡頭放着的號頂號圍號帘合裝米麵餑餑的口袋都洗得乾淨卷袋筆袋以至包菜包蠟的油紙都收拾得妥貼底下放着的便是飯碗茶盅又是一分匙筯筒兒合銅鍋銚子蠟籤兒蠟剪兒風爐兒板櫈兒釘子錘子之類都經太太預先打點了個妥當因向公子說道此外還有你自已使的紙筆墨硯以至擦臉漱口的這分東西我都告訴倆媳婦了帶的餑餑菜你舅母合你丈母

娘給你張羅眠米呀茶葉呀蠟呀以至再帶上點兒香啊
蠟啊臨近了都到上屋裡來取何小姐最是心熱不過的
人聽了婆婆這話一面歸着着東西合張姑娘道實在虧
婆婆想的這樣週到安太太笑道妞妞也不是我想的週
到實告訴你罷我那天打點着這分東西自己算了算連
恩科算上再連這次我這是打點到第十九回了安老爺
在旁邊自己又屈指算了一算從自己鄉試起至今又看
着兒子鄉試轉眼三十餘年可不是十九回了嗎自己也
不免一聲浩歎纔收拾完畢太太又吋長姐兒把那個新
絮的小馬褥子包袱褟衫雨傘這些東西都拿來交給你

大奶奶又聽安老爺説道正是我還有句話囑咐因吩咐公子説道你進場這天不必過於打扮的花鵜鴿兒似的看天氣就穿你家常的那兩件棉袷褸兒上頭套上那件舊石青卧龍袋第一得戴上頂大帽子你只想朝廷開科取士爲國求賢這是何等大典赴考的士字倒隨便藏個小帽頭兒去應試如何使得公子只得聽一句應一句他只管這等恪遵父命只是纔得二十歲的孩子怎得能像安老爺那樣老道更加他新近纔磨着母親給作了件簇新的洋藍縐綢三朵菊的薄棉襖兒又是一件泥金套本緞子耕織圖花樣的半袖悶葫蘆兒舅母又給作了個猩

色平金長字兒帽頭兒倆媳婦兒是給打點了一分絕好的針線活計正想進場這天打扮上花稍花稍如今聽父親如此吩咐心裡却也不能一時就丟下這分東西太太是怕兒子委屈便說道一個小孩子家他愛穿甚麼戴甚麼由他去罷老爺還操這個心安老爺道不然太太只問玉格我上次進場出場他都看見的是怎的個樣子回頭又問着公子道便是那年場門首的那班世家惡少我也都指給你看了一個個不管自已肚子裡是一團糞草只顧外面打扮得美服華冠可不像個金漆馬桶你再看他滿口裡那等狂妄舉步間那等輕佻可是個有家教的學

他則甚太太同金玉姊妹聽了這話纔覺得老爺有深意存焉公子益發覺得這番嚴訓正說中了他一年前的病更不敢再萌此想只有那個長姐兒心裡不甚許可暗道人家太太說的狠是老爺子總是扭着我們太太二位大奶奶也不勸勸聽起來場裡有上千上萬的人呢這熱天要換了季還好冉不換季一隻手跨着個籃子腦袋上可扛着頂緯帽怪鬪笑兒的叫人家大爺臉上怎麽拉得下來呢咳這妮子那裡曉得他那個大爺投着這等議方的嚴父仁厚的慈母內助的賢妻也不知修了幾聲纔修得到此便跨着籃兒扛頂緯帽何傷閒話少說當下公子要

把那考籃領下去倆媳婦又張羅着把包袱等件送過去過了兩天便有各親友來送場又送來的狀元糕太史餅聯兒桂圓等物無非預取高中占元之兆這年安老爺的門生除了已經發過科甲的幾個之外其餘的都是這年鄉試安老爺也一一的着人送禮看望苦些的還幫幾兩元卷銀子公子合這班少年都在歡場的時候大家也彼此來往談談文講講風氣那年七月又是小盡轉眼之間便到八月那時烏大爺早從通州查完了南糧回來安老爺預先托下他一聽下宣來即忙給個主考房官單子打算聽了這個信纔打發公子進城說定了依然不找小寓

只在步量橋宅裡往外面派了華忠戴勤隨緣兒葉通四個跟了去張親家老爺也要同去以便就近接送照料安老爺安太太更是放心頭兩天便忙着叫人先去打掃屋子搬運行李安置廚房一直忙到初六日纔吃早飯早有烏大爺差人送了聽宣的單子來用個紅封套裝着安老爺拆開一看見那單子上竟沒甚麼熟人正主考是個姓方的副主考裡面一個也姓方那個雖是旗員素無交誼老爺當下便有些悶悶不樂你道爲何難道安老爺那樣個正氣人還肯找個熟人給兒子打關節不成絕不爲也只因這兩位方公雖是本朝名家刻的有文集行世祇是

向來看他二位的文章都是清癯艱澀島瘦郊寒一路合公子那高華富麗的筆下迥乎兩個家數那個滿副主考自然例應迴避旗卷正合着不願文章高天下祇要文章中試官的兩句話便慮到公子此番進場那個中字有些拿不穩所以撰的添了樁心事却只不好露出來公子此時是一肚子的取青紫如拾芥那裡還計及那主司的方圓這個當兒太太又拉着他儘着囑咐場裡沒人跟著夜裡聽着了可想着蓋嚴着些兒舅太太也說有菜沒菜的那包子合飯可千萬叫他們弄熱了再吃張太太又說不咧熬上鍋小米子粥沍上幾呀雞子兒那倒也飽了肚子

咧金玉姊妹是第一次經着這番灞橋風味雖是別日無多一時心裡只像是還落下了件甚麼東西又像是少交代了句甚麼話只不好照婆婆一般當着人一樣一樣的囑咐正在大家說着華忠戴勤隨緣兒葉通四個家人上來回張親家老爺叫回老爺太太不進來了合程師老爺頭裡先去了又回道大爺車馬也伺候齊了隨着便領隨身的包袱馬褥子一干僕婦們往外交東西公子便給父母跪了安又見了舅母岳母舅太太先給他道了個喜說下月的這幾天兒裡再聽着你的喜信兒我們家的老少兩位姑爺可都算我眼瞅着成的人了我也算得個老古

蓋兒了張親家太太便接口道姑爺你只搶個頭名狀元回來咱就得了安老夫妻聽了各各點頭而笑安太太又說纔囑咐的話可別忘了老爺又吩咐你一出場家裡自然打發人看你去就把頭場的草稿帶來我看不必另謄也不許請師傅改一個字說着又點了點頭說就去罷公子滿臉笑容答應着纔要走太太道到底也見見倆媳婦兒再走哇公子連忙回身向着他兩個規規矩矩的一站兩人也繃着個盤兒還了一站彼此對站了會子都都不大得話還是公子想起一句人天第一義的話來說道我昨兒晚上囑咐你們的節下給父親母親拌的那月餅餑

兒可想着多擱點兒糖他說了這句便一臉的飛黃騰達與匆匆回身就走金玉姊妹兩借着答應那聲也搭赸着送出屋門來公子下了台堦兒早有眾家人圍隨上跟着走了安老夫妻隔着玻璃扭着身子直看他出了二門還在那裡望不隄防這個當兒身背後猛可的噹啷啷一聲响老夫妻倒唬了一跳一齊回過頭來一看原來是那長姐兒胳膊上帶着的一副包金鐲子好端端的從手上脫落下來了掉在地下噹啷啷的一响又咕嚕嚕的一滾一直滾到屋門檻兒跟前纔站住老爺忙問這怎麼講太太是最疼這個了鬟生怕他挨說便道都是老爺的管家幹

的給人家打了那麽大圈口怎麽不脫落下來呢他道等着得了空兒再交出去毀打毀打罷何小姐道別動他等我給你閗弄上就好了說着接過來把圈口給他掐緊了又把式樣端正了端正一面親自給他帶在手上一面悄悄的向他笑道你瞧閗弄上就好了不是等要放他的時候咱們再放可惜了兒的爲甚麽毀他呢在大奶奶說的是平平靜靜的話他不知聽到那裡去了不由的把個紫膛色的臉蛋兒羞的小茄包兒似的便給何小姐請了個安又低着雙眼皮兒笑嘻嘻的道這要不虧奶奶誰有這麽大勁兒呀當下安太太以至大家看了他這舉動都說

他到底歲數大些了懂得個規矩這段話在當日沒人留心今日之下入在這評話裡當天理人情講起來不禁叫人想到那王寶甫的猛聽得一聲去也鬆了金釧遥望見十里長亭減了玉肌這兩句不僅是個妙句奇文竟也說得是個人情天理諸公要不信這話博引煩稱還有個佐証就拿這兒女英雄傳裡的安龍媒講比起那紅樓夢裡的賈寶玉雖說一樣的兩個翩翩公子論闊闊勳華安龍媒是個七品琴堂的弱息賈寶玉是個累代國公的文孫天之所賦自然該於賈寶玉獨厚纔是何以賈寶玉那番鄉試那等難堪後來直弄到死別生離安龍媒這番鄉試

這等有興從此就弄得功成名就天心稱物平施豈此中有他諺巧乎不過安公子的父親合賈公子的父親看去雖同是一樣的道學一邊是實實在在有些窮理盡性的功夫不肯丟開正經一邊是丟開正經只知合那班善於騙人的單聘仁乘勢而行的程日興每日裡在那夢坡齋作些春夢婆的春夢自巳先弄成個交而不交正而不正的賈政還叫他把甚的去教訓兒子安公子的母親合賈公子的母親看去雖同是一樣的慈祥一邊是認定孩提之童一片天良不肯去作罔人一邊是一昧地向家庭植黨營私去作那罔人勾當只知把娘家的甥女兒攏來作

媳婦絕不計夫家甥女兒的性命難堪只知把娘家的姪女兒攏來當家絕不問夫兄家的父子姑媳因之離間自已先弄成個罔之生也幸而免的王夫人又叫他把甚的去撫養兒子講到安公子的眷屬何玉鳳張金鳳看去雖合賈公子那個幃中人薛寶釵意中人林黛玉同一豔麗聰明卻又這邊是刻刻知道愛惜他那點精金美玉同心合意媚茲一人那邊是一個把定自已的金玉姻緣還暗裡弄些陰險一個是妬着人家的金玉姻緣一味畢其尖酸以至到頭來弄得瀟湘妃子連一座血淚成斑的瀟湘館立腳不牢慘美人魂歸地下畢竟玉帶林中掛蘅蕪君

連一所荒蕪不治的蘅蕪院安身不穩替和尙獨守空閨如同金釵雪裡埋還叫他從那裡之子于歸宜其室家便是安家這個長姐兒比起賈府上那個花襲人來也一樣的從幼服侍公子一樣的比公子大得兩歲却不曾聽得他照那襲而取之的花襲人一敘同安龍媒初試過甚麼雲雨情然則他見安公子往外一走倘然學那雙文長亭哭宴的減了玉肌鬆了金釧雖說不免一時好樂有些不得其正也還算發乎情止乎禮儀的算不得個天理人情何況安公子比起那個賈公子來本就獨得性情之正再結了這等一家天親人眷到頭來安得不作成個兒女英

雄只是世人畧常而務怪厭故而喜新未免覺得與其看燕北閒人這部腐爛賣飯的兒女英雄傳小說何如看曹雪芹那部香豔談情的紅樓夢大文那可就爲曹雪芹所欺了曹雪芹作那部書不知合假托的那賈府有甚的牢不可解的怨毒所以纔把他家不曾留得一個完人道着一句好話燕北閒人作這部書心裡是空洞無物那教他從那裡講出那些忍心害理的話來閒話少說歸着再講安公子回到住宅早有張親家老爺同着看房子的家人把屋子安置妥當程師爺已經到場門口看牌去了一時回來看得公子的名子排在頭排之末說看這光景明日

得早些去躺點了歇息歇息吃些東西靜一靜罷他說着便帶了葉適親自替學生檢點考具公子見諸事用不着自己照料想起從前父親赴考時候的景象越覺冷暖不同接着便有幾個親友本家來看過去了到了次日五鼓家人們便先起來張羅飯食服侍公子略嗽飲食裝束已畢程師爺張老又親自把考具行李替他檢點一過門戶自有看房子的家人照料大家催齊車馬便都跟着公子逕奔舉塲東門而來公子纔進得外磚門早見梅公子站在個高地方手裡拿着兩枝照入籤得意洋洋的高聲叫道龍媒這裡來公子走到跟前只聽他道你來的正好咱

們不用候點名了我方纔見點名的那個沵老爺是個熟人我先合他要了兩枝籤你我先進去罷省得回來人多了擠不動又免得內磚門多一次搜撿公子是謹記安老爺幾句庭訓又因這番是自已進步之初從進門起就打了個循規蹈矩一步不亂的主意便回覆他說我的名字在頭牌後半路呢此時進去也領不着卷子莫如還等着點進去罷說話間早聽見點名台上唱起名來梅公子道我可不等你了說着把那支籤丟給了公子先自去了公子依然候着點了名隨着眾人魚貫而走來到內磚門頭道搜檢的所在原來這處搜檢不過虛應故事那監視搜

撿的只有幾位散秩大臣副都統還有幾位大門行走的侍衛公這班侍衛公都不是欽派的每到鄉會試不過侍衛處照例派出幾個人來在此當差都一般的也在那裡坐着公一候着前面搜撿的這個當兒見那班侍衛公彼此正談得熱鬧只聽這個叫那個道喂老塔呀明兒沒咱們的事是個便宜我們東口兒外頭新開了個羊肉館兒好齊的餡兒餅明兒早起咱們在那兒鬧一壺罷那個嘴裡正用牙斜叼着根短烟袋兒兩隻手都不住的搖那個醬瓜兒烟荷包裡的烟騰不出嘴來答應話只吼了一聲搖了搖頭這個又說放心哪不吃你咧纔見他拿下烟袋

來從牙縫兒裡激出一口唾沫來然後說道不在那個我明兒有辦這個又問說不是三四該幹呢嗎他又道我們幫其實不去這叢萃使倒悞不了我們那個新章京來的嗎你有本事給他擱下他在上頭就把你幹下來了公子聽了這話一個字不懂往前揍了幾步又見還有二位在那裡敬鼻烟兒一個接在手裡且不聞只把那個爆竹筒兒的磁鼻烟壺兒拿着翻來覆去看了半天說道是獨釣寒江啊可惜是個右釣的沒行要是左釣的就值錢咧說着把那鼻烟兒磕了一手心用兩個指頭掰着抹了兩鼻翅兒不防一個不留神誤打誤撞真個吸進鼻子一[illegible]兒

去他就接連不斷打了無數的噴嚏鬧得涕淚交流那個看了哈哈大笑說算了罷這東西要嗆了肺沒地方兒貼膏藥他纔連忙把鼻烟壺兒還了那個還道咳好霸道傢伙這管保是一百一包的公子聽了這套更茫然不解看了看前面的人一個個搜過去輪到自己恰好走到個乾瘠黃瘦的老頭兒面前公子一看只見他一張狂縐面孔一副孱弱形軀身上穿兩件邋遢不整的衣服頭上帶一個黯淡無光的亮藍頂兒那枝俏擺春風的孔雀翎已經虫蛀的剩了光桿兒了一個人垂首低眉的坐在那裡也没人理他公子因見前面的人都是解了衣鈕搜纔得放

下爲甚怨聽那老頭兒說道罷了不必解衣裳了這道門的搜檢不過具奉行公令的一樁事到不貢院門還得搜檢一次呢一定是這等處處的苛求起來殊非朝廷養士求賢之意遂着人慇勤順着走罷公子瞧了一聲道忙就走心下暗道怎的這位侍衛公的話我聽着又居然會懂呢這人莫非是個楚材晉用從那裡換了幾班回來的罷我只愁他這個樣子怎生合方纔那班鳶肩火色的嬌嬌虎臣會弄得到一處他要竟弄得到一處這人也就算個還劫在數的了一路想着看進了那座內磚門不曾到得貢院門跟前便見門罩子底下那班伺候搜檢的提督衙

門番役順天府五城靑衣都揎拳擄袖的在那裡搜撿被搜檢的那些士子也有解開衣裳敞胸露懷的也有被那班下役伸手到滿身上混掏的及至搜完的又不令人收拾安當他就提着那條賣估衣般的嗓子高喊一聲早過便催快走那班士子一個個掩着衣襟挽着搭包背上行李躋上考籃那隻手還得攥上那根照入籤再加上個荷包烟袋這纔遞着那大高的門檻兒進去看着實在受累之至公子有些心怯不一時搜到換近前面的那個人却又是七十餘歲老不歇心的一位老者纔走上去便有旁邊站的一個戴涅白頂兒藍翎兒生得凹摳眼蒜頭鼻子

白臉黃鬚像個回子模樣的番子先嗄了一聲站住擱下筐子把衣裳解開早聽得東邊座上那位大人說道你當差只顧當差何用這等大呼小叫的太不懂官事了把個番役嚇得不敢則聲大家應故事一番那老者便受了無限功德公子探頭向上望了望原來不是別人正是烏克齋因不好上前招呼只低了頭烏克齋看見了他倒欠了欠身讓道別躭擱了就隨着進去罷公子進了貢院門見對面便是領卷子的所在他此時纔進門來那一身家什已經壓得滿頭大汗正想找個地方歇歇再上去領卷子看了看那梅問羹還在那裡候着又有烏大爺的兄弟

托詞村並兩三個少年都在牆腳下把考籃聚在一處坐在上面閑談他也湊了大家去把考籃放下將公子先合他說道我方纔悔不聽你的話只管進來這半天卷子依然不得到手竟沒奈他何不信你跟我看看去說着拉了安公子擠到放卷子的那個杉槁圈子跟前只見一班八旗子弟這個要先領那個又要替領吵成一片上面坐的那位鬚髮皓然的都老爺却只帶着個眼鏡兒拿着枝紅筆挨着那册子點一名叫一人放一本任你吵得地暗天昏他只我行我法正在吵不清內中有個十八九歲的小爺穿一件土黃布主腰兒套一件青哦噔綢馬褂子褡包

繫在馬褂子上頭挽着大壯的辮子騎在那杉槁上拿手裡那根燃入籤把那御史的帽子敲的拍拍的山响嘴裡還叫道老都喂你把我那水兒先給他找出來呢那御史便是十年讀書十年養氣也耐不住了只見他放下筆摘下眼鏡來開道你是那旗的秀才名字叫作甚麼他道我不是秀才我們太爺今年纔給我捐的監我叫綳僧額我們太爺是世襲阿達哈哈番九王爺新保的梅楞章京我是官卷你瞧罷管保那卷面子上都有那御史果然覷着雙近視眼給他查出來看了看便拿在手裡合他道你的卷子却有了國家明經取士是何等大典況且士子器識

怎的這等不循禮法不守臥碑難道你家裡竟沒些子家教的不成你這本卷子不必領了我要扣下指名參請的這場吵直吵到都老爺把個看家本事拿出來了大家纔得安靜那御史依然是按名散卷叫到那個綳价額大家又替他作好作歹的說着都老爺纔把卷子給他還說道我這都是看諸位年兄分上只是看你這等惡少年領這本卷子去也未必作得出好文字那位少爺話也收了接過卷子來倒給人家斯文掃地的請了個安公子在旁看了歎息一聲便合托二爺說道誠村看這光景你我益發該三復古人樂有賢父兄也的這句話了一時他幾個也

領了卷彼此看了看竟沒有一個同號的各各的收在卷袋裡拿上考具進了二層貢院門交了籤只見兩旁公案邊坐着許多欽派稽查接談換卷的大臣恰好安公子那位拜從看文章的老師吳侍郎也派了這差使見公子進來便問道進來了是那個字號那時候正值順天府派來的那一羣佐襍官兒要當好差使不住的來往的喊道老爺們東邊歸東邊西邊的歸西邊喊得個公子急切裡聽不出老師問的這句話來那大人便點手把他叫到公案前問了一遍他纔答道成字六號吳大人回頭指道這號在東邊極北呢只這一回頭適逢其會看見他的跟班筆

政在身後站着原來貢院以內帶不進跟班的家人去都是跟班的老爺跟着這位老爺的官名叫作答哈蘇具大人便向他道答老爺拜托你罷把我這學生送過柵欄去却說那位答老爺兒本大人在入輪子裡派了他這樣一件切進差使一想看這機會今年京察大有可望又見安公子是個旗人一時氣誼相感便也動了個衛顧同鄉的意思欣然答應了一聲便接過公子的考具送出來柵欄又說道大兄弟你瞧起腳底下到北邊兒不差甚麼一里多地此我瞧你了不了這兒現成的水火夫咱們破倆錢兒僱個人就行了一面說着招手從那邊叫了個人夫來

一面就把腿一抬又把手往衣襟底下一綽摸着褲帶上那個錢褡褳兒掏出一把錢來要給那個人公子忙攔道不勞破費這考藍裡有錢等我取來出他便一手攔着公子的胳膊說道好兄弟咧咱們八旗那不是骨肉沒講究說着早把他手裡那把錢遞給那人公子沒法只得謝過了他他便把考具一切都交那個人拿上安公子此番鄉下那身累綴來覺得遍身好不鬆快便同了那人逍遥自在的遛遛向北而來一路上留心看那座貢院時但見龍門綽楔棘院深沉東西的號舍萬瓦毘連夜靜時兩道文光冲北斗中央的危樓千尋高聳曉來時一輪羲馭湧東

隅正面便是那座氣象森嚴無偏無倚的至公堂這個所在自選舉變爲制藝以來也不知牢籠了幾許英雄也不知造就成若干人物那時正是秋風初動耳輪中但聽得明遠樓上四角高挑的那四面硃紅月藍旗兒被風吹得旗角招摇向半天拍喇喇作響青天白日便像有鬼神呵護一般無怪世上那些有文無行問心不過的等閑不得進來便是功名念熱勉強進來也是空負八斗才名枉吃一場辛苦閑話少說却說安公子正在走過無數的號舍只見一所號舍門外山墻白石灰上大書成字號三個大字早有本號的號軍從那個矮柵欄上頭伸手把那人扛

着的考具接過去那人去了公子還等着給他開柵欄兒進號呢那知那柵欄是釘在墻上的不會封號以前出入的人只準抽開當中那根木頭鑽出鑽入公子也只得低頭毛腰的鑽進號筩子去看了看南是墻面北作栖身那個院落南北相去外也不過三尺東西下裏排列得蜂房一般倒有百十間號舍那號舍立起來直不得腰卧下去伸不開腿吃喝拉撒睡紙筆墨硯鐙都在這塊地方假如不是這塊地方出產舉人進士這兩樁寶貨大約天下讀書人那個也不肯無端的萬水千山跑來嘗這般滋味公子當下歇息片刻一樣的也把那號帷號簾釘起來號版

支起來衣帽鋪蓋碗盞傢具吃柴食炭一切歸着起來這
椿事本不是一個人幹得來的事更加他又是奶媽了搬
服侍慣了不能一個人幹事的人弄是弄不妥當只將將
就就鼓搗了會子就算結了幸喜伺候那幾間號的一個
老號軍是個久慣當過這差使的見公子是個大家勢派
一進來把例賞號軍的餑餑錢來就賞了不算外餘外又
給了個五錢重的小銀錁兒樂的他不住問茶問水的殷
勤這個當兒這號進來的人就多了也有搶號板的也有
亂坐亥的還有諸事不作找人去的人找來的甚至有聚
在一處亂吃的酣飲的便是那極安靜的也脫不了旗人

的習氣喊兩句烏腔不就對面墻上貼幾個燈虎兒等人來打公子看了這般人心中納悶只說我倒不解他們是幹功名來了是頑兒來了他只一個人靜坐在那小窩兒裡凝神養氣看看午後堂上的監臨大人見近堂這幾路旗號的爺們出來進去登明遠樓跑小西天鬧的實在不像了早同查號的御史查號封了號口柵欄這一封號雖是幾根柳木片兒的門戶一張木紅紙的封條法令所在也同畫地爲牢再沒人敢任意行動公子見眼前來往的人靜了些纔把他隱下的揣摩本心裡默誦了一遍叫號軍弄熱了飯就熱菜吃了幾點燈便放下號簾靠了包袱

待睡可奈墻外是梆鑼聒噪堂上是人語喧嘩再也甭想睡得穩頁久纔睡熟一時各號的人也都睡了準備明日鏖戰那班號軍也偷空兒栖在那個屎號跟前坐着打盹兒却說內中那個老號軍睡到三更過後鑽出來去出小恭完了事纔回頭只見遠遠的倒像那第六號的房簷上掛着碗來大的一盞紅燈那老號軍吃了一驚說道這位老爺是不會進過場的守着那油紙號簾點上盞燈一時睡着了刮起風來可是頑得的速忙跑過來想要叫醒了他不想走到跟前却早不見了那蓋燈他揉了揉眼睛道莫不是我睡得愣裡愣怔眼離了恰好這個當兒公子一

覺睡醒一睜眼見屋裡漆黑又轉了向兒了模裡模糊的叫了聲花鈴兒你看燈都待好滅了也不起來撥撥那老號軍便打了個岔說老爺你老放心睡罷沒燈啊是我的眼離了公子又不曾留心他說的所以然只想誤呼着小婢倒把個老軍不覺自已失笑不好再提便合他要了個火點上燈看了看牆上掛的那個表已經丑正了便要水擦了擦臉又叫那老號軍熬了粥纔得收拾完畢號口邊值號的委員早已喊接題紙少時那號軍便給他送了一張來連忙燈下一看只見當朝聖人出的是三個富麗堂皇的題目想着自然要取幾篇筆歌墨舞的文章且喜正

合自已的筆路再看那詩題又是怹下作過的便是第一第三文題也像作過靜想了想大勢也都還記得些時喜這可就省事多了忽又一轉念道不是這等古人師友之間還要請試他題豈有欽命題目我自已纔識雲程便這等欺心把怹課來塞責的理父親看了先要不喜不可徒亂人意不如把他丟開另作纔是隨把題目一折遞便伸手提筆起起草來纔得辰刻頭篇文章合那首詩早已告成便催着號軍給煮好了飯胡亂吃了一盌芺生的世家公子哥兒會拿甜餑餑解餓又吃了些杏仁乾糧油糕之類也就飽了便把第二三篇作起來只在日偏西些都得

了自已又加意改抹了一遍十分得意看了看天氣尚早便吃過晚飯上起卷子來他的那筆小楷又寫的飛快不曾繼燭添註塗改點句勾股都已完畢連草都補齊了點起燈來自已又低低的吟哦了一遍隨即把卷子收好把稿子也掖在卷袋裡閑暇無事取出白棗兒桂元肉炒糖菓脯這些零星東西大嚼一陣剩下的吃食都給了號軍就靠着那包袱歇到次日天明那個老號軍便幫他來把東西歸着清楚交卷領籤捏頭排便出了場纔到貢院頭門早見他岳丈張老先生程師爺以至華忠諸人直擠到門檻邊等他一時見公子恁早出來都不勝歡喜程師爺

先問了聲得意他忙回道總算妥當張者早把考藍包袱接過去遞給眾家丁一行人簇擁出了外磚門程師爺便合他同車要文稿看因說道頭三兩個題目你都作過的他道便是詩也作過那都不曾用那總稿子從卷袋裡把草稿取出來程師爺一面看一面用腦袋圈圈兒便道只這前八行便有個才氣發皇氣象恭喜恭喜一時看完說道詩也不粘不脫大有可望一時回到宅裡公子不及別事便叫葉通取了個小紅封套把文稿折好又親自寫了個給父母請安的安帖封起來打發戴勤飛馬立刻給父親送去恰巧戴勤走後安老夫妻早打發晉升來接揭曉

太太又叫趕露兒送了來的吃食二位奶奶給包了來添換的衣服公子也問了父母的起居晉升一一回答又說老爺還說爺得晌午後出來吩咐奴才天晚了索性等明日送了爺進場再把文章稿子帶回去誰知爺已經老早的出來倒先打發人請安去了公子道戴勤大約今日也不得回來你依然遵着老爺的話明日回去罷說着便有幾家親友來看都道不好久談請歇息罷告辭而去公子吃得一飽撒和了撒和便倒頭大睡養精蓄銳准備進二三場這且不在話下却說安老爺急於要看看兒子頭場的文章有望無望又愁他出來得晚晉升今日斷趕不回

來只落得負着雙手滿院裡一遛一遛的轉圈兒正在走着見戴勤來了忙問道你回來作甚麼戴勤請了安又替公子請了安忙回明原由安老爺一面進屋子一面拆那封套便坐下伏案細看那詩文草稿安太太只儘着問戴勤說你瞧大爺那光景還沒受累呀没着涼啊戴勤回道奴才爺狠好出來是紅光滿面的程師爺說准中金玉姊妹聽了也自放心這個當兒太太見老爺看完了文章只默默不語不禁問道老爺看着怎麼樣原來安老爺看得公子的文章作得靜湛飽滿詩亦清新却也歡喜只愁他才氣過於發皇不合那兩位方公的式所以心中猶疑見

太太一問正待說明原由一想他娘兒們自然同我一般的期望此時說出這話倒添他們一椿心事便道難爲他中是竟中得去了只看命罷太太同兩個媳婦聽了便歡喜起來戴勸退出房門去兩個嬤嬤又在廊簷底下截住他問長問短那個長姐兒趕出起進的聽了個够他倒說道人家老爺合師老爺都說大爺中定了還用你們老姐兒倆絮叨閒言少敘却說那日已是八月初十日中秋節近接着忙了幾天節事到了十五晚上老夫妻正喜多了兩個媳婦慶賞團圓偏兒子又不在膝下但是天下事事若求全何所樂呢待月上時安太太便高高興興領着兩

個媳婦圓了月把西瓜月餅等類分賞大家又隨意給老爺備了些菜酒因舅太太張親家太太沒處可過團圓節便另備一席請過來要自己陪着舅太太是再三不肯說今日團圓節沒說你二位不一席坐的我陪着親家太太叫他們小姐兒倆兩席張羅豈不好安太太見說得有理便也依實只是安老爺赴了這等酒場坐下實在無可與談的恰好那夜後半夜月食舅太太問起這個道理來可就開了老爺的天文門了纔待講起張太太說我懂的那是天狗吃了我們那地方只要廟裡打一陣鑼他唬的就吐出來了安老爺不禁大笑說道豈其然哉這日月食的

道理由於日躔最高居九天第三重月躔最低居九天第八重日行得疾每日行程只欠過天三百六十五度四分度之一的一度月行得遲不及日行十三度有餘度日月行得不能盡一此所以朝月東昇新月西見之原由也日有光月無光月恒借日之光以爲光所以合朔則哉生明既望則哉生魄此去上弦下弦之明驗也日月行走既互有遲疾躔度又各有高下行得遲疾高低上下相値日光在天爲月魄所掩便有日蝕之象日光遶地爲地毬所隔便有月蝕之象乍掩乍隔則初食半掩半隔則食既全掩全隔則食甚彼此相錯則生光而復圓非天狗之謂也舅

太太説我記不住這麽些累贅啲我只納悶兒人家欽天的那些西洋人他怎麽就會算得出來呢安老爺道何必西洋人古之人皆然苟得其故千歲之日至可坐而致也説着便要講那分至歲差積閏的道理舅太太萬想不到問了一句話就招了姑老爺這許多考据聽着不禁要笑便道我不聽那些了我只問姑老爺一件事咱們這供月兒那月光馬兒旁邊兒怎麽供一對雞冠子花兒又供兩枝子藕哇安老爺竟不曾考据到此一時答不出來舅太太道姑老爺敢則也有不知道的聽我告訴你那對雞冠花兒算是月亮裡的娑羅樹那兩枝子自花藕是兎兒爺

的剔牙杖兒恰好安老爺吃了一個嘎嘎棗兒被那個棗兒皮子塞住牙縫兒拿了根牙籤兒在那裡剔來剔去正剔不出來一時把安太太婆媳笑個不住舅太太還只管問道姑老爺知道這是那書上的問的個安老爺沒好意思只得笑道此所謂夫婦之愚可以與知焉及其至也雖聖人亦有所不知也了大家談到將近二更散席金玉姊妹兩個定要請舅太太張太太到東院裡等看月蝕舅太太道不早了大家歇歇兒明日還得早些起來預備接場呢大家散後他二人也就回房等到那輪皓月復了圓又攜手並肩倚着門兒望了回月見那素彩清輝益發皎潔

圓滿須臾一層層現出五色月華來他二八賞夠多時幾得就寢准備明日給公子接塲補慶中秋這正是未向風雲占聚會先看人月慶雙圓要知安公子出塲後又有個甚的情由下回書交代

兒女英雄傳評話第三十四回終

兒女英雄傳評話第三十五回

何老人示棘闈異兆　安公子占桂苑先聲

這回書且按下金玉姊妹在家怎的個準備接場接回來再整安公子進過二場到了三場節屆中秋便有家裡送來的月餅菓品之類預備他帶進場去過節又有安老爺另給程師爺張親家老爺送的酒備的菜這些瑣事都不消細講卻講場裡辦到第三場場規也就漸漸的鬆下來那時功令尚寬還有中秋這夜開了號門放士子出號賞月之例那夜安公子早已完卷那班合他有些世誼的如梅問羹托誠村這幾個人也都已寫作妥當準備第二日

提頭排出場又有莫聲盦先生的世兄同着兩個人一個是管曰栦的同鄉姓鮑名同聲字應珂合莫世兄是表兄弟一個是旗人名惠來號還山也是莫聲盦手裡中的秀才因莫世兄談起安公子的品學丰釆兩個人想要會會他莫世兄便順道拉了梅公子托二爺一同找到公子號裡來那時號裡士子大半出去遊玩去了號裡極其清淨這班少年英俊彼此一見自然意氣相投當下幾個人坐下各道傾慕便大家高談濶論起來先是彼此背誦了會子頭場文章這個推許那個一番那個又向這個謙遜兩句梅公子道你衆位此時且不必互相推許謙讓等出了

場我指引你們一個地方去領領教那就真知道是誰中誰不中了那個總應珂道吾兄講的莫不是琉璃廠觀音閣新來的那個風鑑先生梅公子道倒不曉得這個人況且這科甲一路的科名可是那些江湖相面的相得出來的莫世兄道我曉得了你府上設的呂祖壇最靈驗的一定是扶乩了他又道我家設的那座壇不談休咎這個所在只怕比純陽祖師說的還有把握些安公子道莫信他搗鬼這個兄弟品學心地氣味件件交得只有他頑皮起來十句話只好信他三句梅公子道不信由你等出場後我幾個人訂個日子同去你却莫要耐不住着個人來窺

探莫鮑惠三個人早已在那裡問他可好攜帶我們同去他道都是功名中有分的這又何妨托二爺說既那樣倘們十六出場十七就去他道你就熱到如此一出場誰不要歇歇之拜拜客怎麼來得及安公子也被他說的躍躍欲動便說既如此你訂日子罷他低着頭掐指尋紋算了半日口裡還吶吶的念道這日不妥那日欠佳忽然抬頭向大家道這樣罷這個日子我們竟定在出榜這天罷大家聽了不禁大笑安公子道我說他是夢話不是梅公子道我說的不是夢話你們說的纔是夢話呢科甲這一途除了不會作文章合雖會作文章而不成文章的不算外

餘者都中得只這樁事單靠文章未必中用是要仗福命德行來扶持文章的何況三項都有了還要分個運會機緣的遲早難道不等出榜你們此時大家互相推許謙遜一陣就算得中了不成莫世兄道這話倒是幾句名言只看今年頭場便有許多鬧亂子的除那個自盡的合那親兄弟兩個一齊發了瘋的直算個顯應了此外還有一個人說來最是怕人並且這人我還曉得他要算八股裡的一個作家他頭場好端端詩文都錄了正補了草了忽然自巳在卷面上畫了顆人頭那人頭的筆畫一層層直透洞卷備去可不大奇托二爺也道便是那些榜高懸貼出

去的人也不少那張紫榜我倒看見了有的註詩文後自書陰事的有的註卷面繪畫婦人雙足的就連偺們那日看見的那個綳僧額也貼出去了安公子道那樣鬧法然得不貼他名下是怎樣註的托二爺道那一行看不清楚想是他自已抹了去了梅公子道此公我早就曉得他一定要貼出去的他也在官號我合他同號見他一進去就要拆那屎號的後墻號軍好容易攔住他緊接着就叫號軍打漿子自已帶着鋸把號板鋸了一塊可着那號門安了半截子影戲牕戶似的糊上紙鑽在那頭一個人喊了會子掰他得莫世兄便問道掰的叫作掰他得那個總聰

珂道他們在那裡繙滿話咕嚕咕嚕我們不懂托二爺到底少年盛氣便告訴他道這是壇廟大祀贊禮的贊那執事者各司其事一開口的前三個字祭文噶也用得着吾兄將來高發了陞到祭酒司業那要懂的梅公子又道否則等熬了侍書翰林也就得懂了安公子覺道都是一時無心閒談大可不必如此便合梅公子道你快說那位誰只這樣鬧你怎的便知他一定貼出去呢梅公子道到了第二日我正上卷子纔寫得個前八行他從面前邊去望了一眼便道你的文章怎麼也從這邊兒寫起呀我倒吃了一驚忙問道依足下要從那邊寫呢他道你瞧我的就

知道了說着把他的卷子取了來我一看三道文題合詩題都接連着寫在稿草的地方却把文章從卷子的後尾一行行往前倒寫我只說得個只怕不是這樣寫法罷他說不錯的他們太爺考繙繹的時候就是這麽鍊的我可再不敢往下說了安公子托二爺兩個聽了也不禁要笑安公子便說道那位繃公是苦於不解事不虛心以致違式犯貼也罷了我只不懂這班人既是問心不過不來此地自然也還有路可走何苦定要拿性命來嘗試逃得性命的還要自己把曖昧親供出來萬目指摘這是爲甚麽梅公子道這又是獃話了他果然有個問心不過也不作

這些事了作了這些事弄到如此大鬧也依然還不知非
麼叫作用心不過莫世兄道吾兄這幾句說話眞是一顆
一條狠的幾句好文章安公子道且莫管他我是在家裡
悶了大半年了這一出場大家必得聚聚纔好大家連道
有理纔商量怎的個聚法只聽至公堂月台上早喊了一
聲下場的老爺們歸號快收卷了大家便告辭歸號這號
裡的人也紛紛回來却說此日安公子交了卷出場早有
人接着回到住宅歇了歇吃過飯因程師爺要出城望望
出場的同鄉張老又一定要等着同華忠隨緣兒歸着妥
了行李纔走自已便帶了戴勤葉通先回莊園却說安太

太到了出場這日從早飯後就盼兒子回家舅太太張太太也在上屋等着正說他頭兩場都出來的早這場想來也該出來了說話間只見茶房兒老尤跟前一個七八歲的孩子叫作蔴花兒的從外頭跑進來向華嬤嬤道華奶奶大爺回來了一時果聽得公子到家安太太便合兩個媳婦道你們倆出院子接接去這是個大禮兒兩個連忙往外走恰好花鈴兒柳條兒兩個都不在跟前長姐兒便趕上道奶奶別忙大高的台堦子等奴才招護着點兒罷說着便跟了金玉姊妹迎到當院裡公子已進了二門他兩個今日却得了話了迎着夫婿問了三個字說回來了

公子惦着見父母也不及回答只略一招呼便忙着上台堦兒這一忙把長姐兒的一個安也給躭擱了他進了屋子見過父母又見了舅母岳母安太太雖合兒子不過十日之别便像有許多話要說此時自然得讓老爺開談便聽老爺說道回來了三場居然平穩狠好公子只有答應老爺又道你的頭場稿子我看過了倒難為你二場便宜了你本是習禮記專經的五個題目都還容易作因問三場呢公子連忙從懷裡掏出稿子來送過去老爺看着稿子這個當兒太太舅太太張太太纔問長問短太太幾乎要把兒子這幾天的吃喝拉撒睡都問到了公子一一答

應又笑道都好將就就只水喝不得沒地方見大穢太太
道那可怎麼好呢親家太太又問難道連個糞桶也沒有
公子道倒不是沒有第一場到了第三天就難了再到了
第三場的第三天連那號筒子的前半路都有了味兒了
沒法兒我彆到出了場纔走動的太太嘖嘖了兩聲綳着
眉道你聽聽敢則這麼苦呢安老爺便道然則帶兵呢成
日裡臥不安枕食不甘味又將如何舅太太說不是姑老
爺一說話我就要掰文兒難道出兵就忙的連個毛廁也
顧不得上嗎老爺只說一個人不讀書再合他講不清的
因又問公子看見幾篇文章公子一一答應了老爺點點

頭道你的頭場文章幾個相好的也必要看的閒一閒抄出來那文章却還見得人太太是聽了個兒子在場裡摸不着好水喝便問了頭們怎麽也不會給你大爺倒碗茶兒來呀說着便叫長姐兒列公你看這位老孺人可謂父母愛子之心無所不至那知有這位慣疼兒子的慈母就有那個善體主人的了幾太太纔叫了聲長姐兒早聽得長姐兒在外間答應了聲嗻說奴才倒了來了便見他一雙手高高兒的舉了一碗熬得透濃得到不冷不熱溫涼適中可口兒的普洱茶來只這碗茶他怎的會知道他可口兒其理却不可解只見他舉進門來又用小手巾兒托

丁抹呢邊兒走到大爺跟前用雙手端着茶盤趄兒倒把個胳膊往兩旁一撬纔遞過去原故爲得是防主八一時伸手一接有個不留神手碰了手這大約也是安太太平日排出來的規矩大爺接過茶去他又退了兩步這纔找補着請了方纔沒得請的那個安大爺是父母之所愛亦愛之父母之所敬亦敬之遠遠兒的哈着腰兒虛伸了一伸手說起來起來這纔回過頭去喝了那碗茶那長姐兒一旁等接過茶盌來纔退出去這段神情兒想來還是那時候的世家子弟家生女兒的排場今則不然今則不然又是怎的個情形呢不消提起言歸正傳却說安公子此

時纔得騰出嘴來把程師爺並他丈人不同來的原故回明又問了問父親近日的起居周旋了一陣舅母岳母安老爺道你也鬧了這幾天了歇歇兒去罷公子又說了幾句閑話纔退出來金玉姊妹兩個正在那裡給婆婆舅母裝烟那位親家太太是慣下來了總是自巳揉一袋烟了頭拿過香盤子去點安太太接過烟去說你們也跟了去罷他姊妹一時還有些不好意思只笑着答應太太道這有甚麼臉上下不來的我告訴你們作了個婦道夫妻之間這個大禮兒斷錯不得錯了人家倒要笑話二人纔答應去了及至到了自巳屋裡小夫妻三個自然也有一番

儀節情致不待煩瑣不一時張親家老爺也同來安老夫妻迎着他道過乏他坐談了一刻便過女兒房中去安老爺因他也須到家歇息歇息便說過日再備酌奉請隨又帶了公子親自過去道乏張太太也殺雞爲黍的給他那位老爺備了頓飯這日裡趁正是舅太太給外外接塲他闔家就借此補慶中秋接着連日人來人往安公子也出去拜了卅天客那時離出榜還有半月光景這半月之中凡是下塲的最好過也最不好過好過的是磨盾三年算完了一樁大事且得消閒幾日不好過的是出得塲來看着誰臉上都像個中的只疑心自己不像回來再把自己

的詩文摹擬摹擬却也不作孫山外想及至看了人家的便覺得自已某處不及他出色某句不及他警人方才中是頃刻樓台頃刻灰燼轉消閑得不耐煩安公子更是個要好的人何況他心裡還比人多着好幾層心事覺得往着放榜那個日子更有個挨一刻似一夏的光景只這等挨來挨去風雨催人也就重陽節近話分兩頭書中按下這邊暫回來再整貢院裡衡鑑堂那三位主考郤說他三位自八月初六日在午門聽宣見欽點入闈便一面吩咐家中照例封門迴避自已立刻從午門進了貢院那些十八房同考官以至內簾各官也隨着進去關防起來緊接

差便有順天府尹捧到欽命題目三位主考拆了封十八位房官一齊上堂打躬參見就請示主考的意旨這科要中那一路的文章以憑遵奉去取那位大主考方老先生便先開口說道方今朝廷正在整飭文風自然要向清真雅正一路拔取真才若止靠着才氣摭些陳言便不好濫竽充數了那一位方公也附會道此論是極近刻的文章本也華靡過甚我們既奉命來此若不趁此着實的洗伐一番伊於胡底諸公就把這話奉爲準繩罷那位旗員主考也隨着人云亦云衆房考都曉得二房的文章向來是專講枯淡艱澀一路的所以發此議論但是文章是件有

定評的公器所謂羽檄飛書用枚臯高文典册用相如無
好拿着天下的才情就自已的圍範大家心裡都竊以爲
不然却又一時不好空口爭得只得應着下來依然打算
各就所長憑文取士不想內中有個第十二房的同考官
這人姓婁名養正號蒙齋是個陝西拔貢出身洊升刑部
主事乃僞周天册萬歲武則天時候宰相婁師德之後他
從年輕時候得了選拔便想到他祖上唾面自乾的那番
見識究竟欠些褒氣因此一登仕途便有意居鄉介介在
朝侃侃久而久之弄成一個執性矯情的謬品老着那副
笑比河清的面孔三句話不合便反插了兩隻眼睛叫將

起來因此等閒人輕易不去傍他他却又正是專慕二方的文章發的科甲因此聽了那二位方老先生的議論大是佩服便高談濶論的講貫聽了一番衆人也不去撥駁他各各默然而退只這一番別一個不知怎樣安公子的功名已是早被安老爺料着果的有些拿不穩了那知天下事陽差之中更有陰錯偏偏的公子的那本倸卷進到內簾餘十七房是處不會分着恰恰分到這位婁公手裡那日正逢他晚飯已過酒醉飯飽有些醺然踹班迫去自取方便他點上盞燈㸐了壺茶一個人靜靜的把那些卷子批閱起來請問他那等一個寧刻勿寬的人關起文

來豈有不適遺匆見的理當下連閱了幾本都覺少所許
可點了幾個藍點丟過一邊隨又取過一本了看成來看
字六號却是本旗卷見那三篇文章作得來堂皇富麗眞
個是玉磬聲聲响金鈴個個圓雖是不合他的路數可奈
文有定評他看了也知道愛不釋手不曾加得圈點便粘
了個批語纔想印上薦條加上圈子薦上堂去忽然轉念
一想道不可一則大主考既是那等交代在先况且這卷
子又是本旗卷知他是個甚等巨族大家的子弟儻然薦
上去他二位老先生倒認作我有意要收這個潤門生我
的清操何在便把那批語條子揭下來就鐙上燒了在卷

子上隨意點了幾個藍點子也丟在一邊又另取了一本放在面前閱看正在看着只聽得牕外一陣風兒掃得牕槅紙簌落落的响吹得那盞燈青熖熖的光搖不定他不覺一陣寒噤連打了兩個呵欠一時困倦起來支不住便伏在手下那本卷子上待睡纔合上眼恍惚間忽見簾櫳動處進來了一位清癯老者那老者生得童顏鶴髮仙骨姍姍手中拖了根過頭拐杖進門先向他深深的打了一躬他夢中見那人來的詫異禮也不還便問道汝何人也無故到我這關防重地來何幹只見那老者藹然和氣的答道正是尋何人也因把那枝拐杖指定方纔他丟開的

那本卷子說道此來特爲着這本成字六號的卷子報知足下此人當中他一聽這話覺得是說人情來了便一腔秋氣說道怎的我問你是何人你也自道你是何人况我奉命在此衡文並非在此衡人便是此人當中文衡誰掌我不中他其奈我何要你來干這閒事又聽那老者說道郎官不可這等執性士先器識果人不足取文於何有何况這人的名字已經大書在天榜上了你不中他又其奈天何他那裡肯信這話便說道多講我婁某自來破除情面不受請托那個不知難道獨你不會聽得那老者嘆了一聲道不想這人果的這等不明理不近情此事還須大

大費番周折他聽得當面給他出了這等兩句考語就待站起來奔了那老者去不想纔得起身便跌了一跤爬起來跟前早不見了那個老者自巳却依然坐在那個坐兒上再看了看那盞燈點了有寸許長結了兩個鬼臉一般的燈花向着他顫巍巍亂動他纔悟到方纔經的是番夢境呆了一刻說道然則夢中所見的鬼也非人也可見我的這團浩然之氣鬼也嚇得退的不要理他且幹正經說着剪了剪燈花仍行批閱他手下那本卷子及至一看可煞作怪那一卷倒丢過一邊手下放的依然是成字六號那卷他正在詫異牕外又起了一陣風這番不好了竟不

是作夢了只聽那陣風頭過處把房門上那個門簾刮得蹾丿進來又閃了出去高高的掀起只這一掀早從門外明明的進來了一位金冠紅袍的長官纔見那位長官不是個尋常裝束不道那浩然只氣也就有些害慌了連忙站起來避在一旁問道尊神何來有甚的指教只聽那神道說道你既知吾神何來怎的還悟不到吾神的來意也是爲看成字六號這人當中列公你只看這婁公渾不渾他見那神道也像是爲找他托人情而來的雖神道也罷他也敬敢合他使一使那牛一般的性兒他却絕不想王道本乎人情人情准乎天理誠爲枉法營私原王章所不

肴要知安老懷少亦聖道之大同一味沽名已不是愛名有心幹事必不能濟事無端任怨終不免斂怨苦不進情定轉至悖情自世上有這班執性矯情的人凡是一事到手沒人從旁救補一句他倒肯斡旋合人共事沒人從旁贊揚一句他倒肯培植但向他提着一個字他便道是枉人情這麼事那個人算休矣這班脚色要叫他去參政當國只怕剝削天下元氣不小閒話少說却講那個婁主政見那神道說也爲着那本卷子而來他便立刻反插了兩隻眼睛說道這事又與神道何涉要來攙越從來說聰明正直之爲神謂神聰明我婁某也不懞懂謂神正直我婁

某也不偏邪便是神道一句話不曾說完只聽那神道大喝了一聲道呔住口他底下這句話大約要說便是神道來說這個人情我也不答應誰知那神道的性兒也是位不讓話的不容他往下說便兜頭一喝說道狂徒看你讀聖賢書司舉錯權雖是平日性情失之過剛心術還不離乎正所以那位老人家纔肯把天人感應的道理來教誨你你怎的讀書變化氣質倒變成這等一副氣質來可不是不知教誨麼說罷聲色俱厲二目神光炯炯直射到他臉上來直唬得他一身冷汗戰兢兢的道尊神宥我愚蒙留些體面待愛護正速把這本卷子薦上堂去勉贖前愆

何如說着便連連的拜叩個不住那神道纔有些顏霽說道既知悔悟姑免深求他只道那神道說完這句便好走了不想那神道不往外走却轉向裡來他爬起來回頭一看只見方纔夢中的那位老者正不知甚麽時候進來早端端正正坐在那裡又見那位神道走到那老者跟前控背躬身不知說了兩句甚麽話那老者乾笑了一聲道不想這樣一個順水推舟的人情也要等你們戴紗帽的來說纔說得成說着便拄着杖站起來那位神道倒隨在身後還扶持着他一同出門而去緊接着便聽得外間的門風火的關關亂响嚇得個婁主政骨軟筋酥半晌動彈不

得良久良久聽得沒些聲息了纔巴着帘子向外望了一望那門依舊好端端虛掩在那裡他那個跟班的却於死狗一般的睡倒在一張板櫈上他定了定神纔叫醒了人剪亮了燈重新把安公子那本卷子加起圈來重新加了批語打了薦條聽了聽更樓上的鐘鼓還不曾交得三更打聽堂上主司正在那裡閱卷他便整好衣冠拿了那本卷子觸上堂去主考接過來不看文章先看了看是本漢軍旗卷便道這卷不消講了漢軍卷子已經取中得滿了額了那婁主政見不中他那本卷子那裡肯依便再三力爭不肯下堂把三位主考磨得沒法了大主考方公說道

既如此這本只得另個備卷罷說着提起筆來在卷面上寫了備中兩個字列公你道這備卷是怎的一個意思我說書的在先原也不懂從來聽得一班發過科甲的講究他道凡遇科場考試定要在取中定額之外多取幾本備中的卷子一來預備亦取中的卷子裡臨發榜之前忽然看出個不合規式不便取中的去處便在那備卷中選擇一本補中二則叫這些讀書人看了曉得榜有定數網無遺才也是鼓勵人才之意其三也爲給衆房官多種幾株門外的虛花桃李這備卷前人還有個譬喻比得最是好笑你道他怎的個譬喻法他把房官薦卷比作結胎主考

取中比作弄璋中了副榜比作弄瓦到了留作備卷到頭來依然不中便比作個半產他講的是一樣落了第還得備手本送贄見去拜見薦卷老師便同那結了胎纔歡喜得幾日依然化爲烏有還得坐草臥牀喝小米兒粥吃雞蛋是一般滋味儻有個不肯去拜見薦卷老師的大家便要說他忘本負恩何不想想那房師的力量止能盡到這裡也就同給人作個丈夫他的力量也不過盡到那裡一個道理你作了榜外舉人落了第便不想着那老師的有心培植難道你作了闈中少婦滿了月也不想那丈夫的無心妙合不成這番譬喻雖謔近於虐卻非深知此中甘

苦者道不出來然則此刻的安公子已就是作了個中産嬰兒了可憐他闔家還在那裡没日夜的盼望出榜高中這便是俗語説的世間没個早知道也話休煩絮却説道年出榜正定在九月初十日這天前兩天內外簾的主考監臨便隔簾商量因本科赴試士子的較往年既多中額自然較往年也多填榜的時刻便須較往年寬展些纔趕得及因此到了九月初九這日纔得辰刻便封了貢院頭門內外簾撤了關防預先在至公堂正中設了三位主考的公案左右設了二位監臨的公案東西對面排列着內外監試合十八房的坐次又另設了一張桌兒預備拆彌

後樓窗中籤照籤填榜當地寫着一張丈許的填榜長桌大堂兩旁堆着無數的墨卷箱承值書吏各司其事還有一應委員房吏差役以至跟役人等擁擠了一堂連那堂下丹墀裡也站着無數的人等着看這場熱鬧那貢院門外早屯着無數的報喜的報子這班人都是老早花了重價買轉裡面的書辦到填榜時候拆出一名來就透出一個信去他接着便如飛去報闈的是本家先一天得信他多得幾貫賞錢不一時預備齊集點鼓升堂主考總裁了衡鑑堂來到至公堂合監臨相見各官三揖叅謁已畢便有內簾監試領了內簾承值官吏把取中的硃卷送到公

案上先把武魁的魁卷放在當中又把第六名以下的中卷一束束挨次擺得齊整然後纔把那束備中的卷子另放一處向例塡榜是先從第六名塡起全榜塡完了然後倒塡前五名這個原故只在這兒女英雄傳安老爺中進士的時候已經交代過了此時不須再贅當下只見那位大主考歸坐後把前五魁魁卷挪了一挪伸手先把那中卷裡頭一本第六名拿起來照號弔了墨卷拆開彌封拆出來大家一看只見那卷面上的名字叫作馬代功漢軍正白旗人原來這人的乃翁作過一任南監掣他本身也捐了個候選同知其人小有別才未聞大道論他的才情

填詞覓句無所不能便是弄管調絃也無所不會是個絕一等輕薄浮浪子弟却正是那位漢監臨大人當日未發以前來京就館時候教過的一個最得意的淵學生如今見第一卷取中的便是他不禁樂的掀鬚大叫道易之中了這人正是我的學生聰明無比他家要算個大族他的表字易之別號叫作篔山不惟算得他們旗人中第一個名家竟要算北京第一個才子三位老前輩今日取了這個門生纔叫作名下無虛主司有眼可稱雙絕不信等他晉謁的時候把他那刻的詩集要來看看真真是杜李復生再休提甚麼王楊盧駱恰好這卷正是那位婁主政薦

的那位大主考方公取中的聽得這話也十分得意便道這所爲文有定評了可見我這雙老眼兒還不盲說着那位監臨大人便把他的硃卷捧在手裡吟哦他那首排律的詩句這個當兒那邊承書中籤的兩個外簾官早已研得墨濃蘸得筆飽等着對過硃墨卷便標寫中籤不想得那位監臨大人看着那本卷子忽然地嚷起來道慢來慢來爲僭了他這首詩不曾押着官韻呀方老先生聽了也覺詫異說不信有這等事想是謄錄謄錯了對讀官不曾對得出也不可知急急的把墨卷取過來親自又細細的對了一番可不是忘了押官韻了是甚麼呢正了半日倒

望着大家道這便怎樣倚偏偏的又是個開榜第一人不但不好辭就而且不便斡旋此時再要把這榜的名次一個個推上去那卷面上的名次都要改動更不成句話說了不應我們就向這備卷中對天暗卜一卷補中了罷大家以爲怎樣衆人連說言之有理說着大家都站起來那大主考便打開那一束備中的卷子立刻秉了一片爲國求賢的心必誠必敬望空默祝了一遍先用右手把那束備卷抖散了他的左手還有些信不過他的右手又用左手掀騰了一陣暗中摸索出一本來一看正是那位婁主政力爭不退的成字六號那一卷連忙叫了坐號調了墨

卷子拆開彌封一對只見那卷面抔上寫的名字正是安驥兩個字大家看了那個驥字纔悟到那個表字易之別號贊山的馬代功竟是替這位不稱其力稱其德的良馬人代天功預備着換安驥來的只可憐那個馬生中得絕高變在頃刻大約也因他那浮滇輕薄上就把個榜上初塡第一名暗暗的斷送了個無蹤無影此時貞落得爲山九倆功虧一簣止吾止也了這等看起來功名一道豈惟科甲便是一命之榮苟非福德兼全也就難望立得事業起不然只看世上那班分明造極登峯的也會變生不測任是爭強好勝的偏逢用違所長甚至眼前纔有個轉機

會被他有力者奪了去頭上非没個名器會教你自問作不成凡是固是天公的游戲弄人也未必不是自已的暗中自誤然則只吾夫子這薄薄兒的兩本論語中爲山九仞一章便有無限的救世婆心教人苦口其如人廢而不讀讀而不解解而不悟悟而不信何關話少説却說至公堂上把安驥安公子取中了第六名舉人占了先聲當下那班折封的書吏便送到承書中籤的外簾官跟前標寫中籤那官兒用尺許長寸許寬的紙筆酣墨飽的寫了他的姓名旗籍又有承值宣名的書吏雙手高擎站在中堂高擎朗誦的唱道第六名安驥正黄旗漢軍旗籍庠生咱

了名又從正主考座前起一直繞到十八位房官座前轉着請看了一徧然後繞交到監視塡榜的外簾官手裡就有承値塡榜的書吏用碗口來大的字照籤謄寫在那張榜上此時那位婁主政只樂的不住口的念誦有天理有天理他此時痛定思痛想起那日夢中那位老者說的他名字已經大書在天榜上了這句話來益發覺得幽暗之所沒一處不是鬼神鬼神有靈沒一事不上通天地然是令人起敬起畏書中且言不着場裡塡榜的事卻說場外那一起報喜的一個個搓拳抹掌的都在那裡盼裡頭的信早聽得他們買下的那班線索隔着門在裡面打了個

暗號便從門縫中遞出一個報條來打開看了看是第六名安驥五個字內中有個報子正是當日安老爺中進士的時候去報過喜的他得了這個名條連忙把公子的姓名寫在報單上一路上一個接一個的傳着飛跑那消個把時辰早出了西直門過了藍靛廠奔西山雙鳳村而來這且不表再說安老爺自從得了初十揭曉的信息便慮到這日公子竟然一個不中在家面面相覷未免難過又有自己關切的幾個學生也盼早得他們一個中不中的確信只是住得離城寫遠既不好遣人四處打聽便是自己進城候信又想到太太媳婦在家也是懸望正在爲難

恰好這班少年從出塲起便熱鍋上的螞蟻一般到了這日那裡還在家裡坐得住因是初十日出榜先一日便可得信便大家預先商量着在內城西山兩下相距的一個適中之所找了座大廟那廟正是座梓潼廟廟裡也有幾處點綴座落那廟裡還起着個敬惜字紙的盛會又存着許多善書的板片是個文人聚會的地方是日也約了安公子一同在那裡踈散一天作個題餻雅集便借此等榜公子回知了父親安老爺也以爲可他到了重陽這日早起吃了些東西纔交巳正便換了隨常衣裳催齊車馬見過堂上回明要去安老爺囑咐他道你只顧去大家談談

倒好消遣家裡得了信自然給你送信去儻然你那裡得了信就即刻回來如果兩地無信像你這樣年紀再多讀兩年書晚成兩年名也未始非福公子也領會得這是父親慮到自已不中先慰藉一番的苦心只聚精會神答應不迭他顚倒是安老爺只管說着話耳輪中却聽得二門外一陣人語嘈襍纔回頭要問只見張進寶從二門跑進來華忠隨緣兒父子兩個左右架着他的膀子他跑得吁吁帶喘晉升等一干家人也跟在後面安老爺正不知甚麽事只見張進寶等不及到廳前便喘吁吁的高聲叫道老爺太太天喜奴才大爺高中了安老爺算定了兒子這

料定不得中的便是中也不想這時候便有喜信聽了這話也等不得張進寶到跟前阿了一聲站起來發腳就往院子裡跑直迎到張進寶跟前問道中在第幾名那張進寶是喘得說不出話來老爺便從他手裡搶過那幅大報單來打開一看見上面寫着捷貴府安老爺榜名諱驥取中順天鄉試第六名舉人下面還寫着報喜人的名字叫作連中三元安老爺看了樂得先說了一句謝天地不料我安學海今日竟會盼到我的兒子中了手裡拿着那張報單同頭就往屋裡跑這個當兒太太早同着兩個媳婦也趕出當院子來了太太手裡還拿着根烟袋老爺見太太

趕出來便凑到太太面前道太太你看這小子他中也罷了虧他怎麼還會中的這樣高太太你且看這個報單太太樂的雙手來接那雙手却擦着根烟袋一個忘了神便遞給老爺妙在老爺也樂得忘了神就接過那根烟袋去一時連太太本是個認得字的也忘了便拿着那根烟袋指着報單上的字一長一短念給太太聽還是張姑娘看見說喲怎麼公公樂的把個烟袋遞給婆婆了只這一句他纔把公公婆婆說倒了過兒了何小姐這個當兒積伶聽見連忙拉了他一把悄悄兒的笑道你怎麼也會樂的連公公婆婆都認不清楚了張姑娘纔覺得這句話是說

揊了忍着笑扭過頭去用小手巾握着嘴笑也顧不得來接煙袋何小姐早連忙上去把公公手裡的烟袋接過來重新給婆婆裝了袋烟不想他比張姑娘揊的更揊點着了照舊遞到公公手裡安老爺道我可不侒了他這緣大笑一時大家樂的就連笑也笑不及老爺還在那裡講究說怎的十名以前難得有一兩個旗人而且這第六名便算個塡榜的頭名太太同兩個媳婦聽着只是滿臉堆歡不住口的答應這個當兒只不見了安公子你道他那裡去了原來他自從聽得大爺高中了一句話怔了半天一個人兒站在屋裡旮旯兒裡臉是漆青手是冰涼心是亂

雖兩淚直流的在那裡哭呢你道他哭的又是甚麼人到樂極了兜的上心來都有這番傷感及至問他傷感的是甚麼他自己也說不出來何況安公子倫常處得與人不同境遇歷得與人不同功名來得與人不同他的性情又與人不同此時自然應該有這副眼淚卻說他一時恐怕滿面淚痕惹得二位老人家傷感忙叫柳條兒揣了個濕手巾來擦了擦臉便出去護父母進屋子歇息安老爺安太太這纔覺出太陽地裡有些曬得慌來大家纔進屋子便見管生手裡拿着兩幅全帖進來回說老少程師爺給老爺太太道喜說了且不驚動等老爺閒一閒再請見奴

才都道答過了說完又回說張親家老爺聽見信個家換衣裳去了大約少刻就進來安老爺聽見便叫把帽子拿出來預備着原來安老爺雖止一個七品頭銜的金頂大玉看着這頂丈夫之冠都極鄭重平日都是太太親自經理到了太太十分分不開身只那個長姐兒偶然還許伺候戴一次帽子此外那班小丫頭子道伸髒手淨手等閑不准上手其餘的僕婦更不消講了到了那個長姐兒伺候老爺戴帽子款式也最大有講究講究不搦頂子不搦帽沿兒只把左手架着帽子右手還預備着個小帽鏡兒一把把左手的帽子遞過去請老爺自己搦着頂花兒戴上

然後纔騰出右手來雙手捧着那個帽鏡兒屏着點氣兒揚着點腰兒把鏡子向後一閃對準了老爺的臉盤兒等老爺把帽子戴正了還自己用手指頭在前面帽沿兒上彈一下兒作足了這個彈冠之慶他纔伸腰邁步撤了鏡子退下去這一套儀注要算他個拿手誰知那日正值老爺叫預備帽子他偏不在跟前你道今日這個日子長姐兒怎的會不在跟前原來他從安老爺會試那年便曉得第二日出榜果然眾了頭一日就可得信算計着大爺這次鄉試明日出榜今日總該有個喜信兒他可沒管與場離雙鳳村有多遠從半夜裡就惦着這件事纔打算正他

就起來了心裡又模模糊糊記得老爺中進士的時候是天將亮報喜的就來了可又記不眞是頭一天是當入闈此從半夜裡盼到天亮還見不着個信兒就把他急了個紅頭漲臉及至伏侍太太梳頭太太看見這個樣子問道你這是怎麽了他只得說奴才有點兒頭疼只怪昏的想是吃多了太太平日又最疼這個了頭疼的如兒女一般忙伸手摸了摸他的腦袋說眞個的熱呼呼的你給我梳了頭同來到下屋裡靜靜兒的躺一躺兒去罷看時氣不好他聽了這句心裡先有些說不出口的不願意轉念一想既然果的沒信了今日這一天的鬧鬍盤可料人[illegible][illegible]

打呀倒莫如邀着太太的話睡他一天倒也是個老正經因此扎在他那間屋裡却坐又坐不安睡又睡不穩沒法兒只拿了一牀骨牌左一回右一回的過五關兒心裡要就那拏的開拿不開上觧占個卦不想一連兒三回都沒拿開他正在有些煩悶不想這個當兒他照管的一個小了頭子叫喜兒的從老遠的跑了來叫道長姑姑長姑姑一句話不會說出來他便說道一個女孩兒家總是這樣慌裡慌張大聲小氣的你忙的是甚麼把個小丫頭子說的撅着嘴不敢言語他纔問道作甚麼來了那喜兒纔說張爺爺纔進來說大爺眾了這一句他可斷斷在屋裡悶

不住了忙忙的勻了勻粉面刷了刷油頭又多帶了幾枝簪子棒子另換了幾件衫兒襖兒從新出來來到上屋恰好正是安老爺叫他拿帽子的那個時候兒太太見他來了說你這孩子怎麼又跑出來了他笑嘻嘻的回道家裏這個樣兒大喜的事奴才就怎麼病也該扎掙着出來安太太益發覺得這個丫頭心腸兒熱差使兒勤知機懂事便道狠好老爺要帽子呢他答應一聲興興頭頭的進了屋子舉着帽子鏡子出來出了屋門兒就奔了大爺跟前去了大爺只道他要叫自己轉遞給老爺纔接到手裏早[illegible]桌[illegible]就[illegible]雙手捧着帽鏡兒對准了

公子那副潘安宋玉般有紅似白的臉兒就想伺候着大爺往腦袋上戴及至看見大爺戴着帽子呢他纔悟出是失了點兒神幸而公子是個老成少年更兼老爺是位方正長者一邊不甚着意一邊不曾留心事有湊巧這個當兒人回張親家老爺進來了老爺道你就給我罷又何必轉大爺一個手公子趁這句話便替他把帽子遞過去省爺忙的也不及鬧那套戴帽子的款兒急急的戴上便迎出張親家老爺去那長姐兒只就這陣忙亂之中拿着鏡子一溜烟躲進屋裡去了却說張親家老爺進來一面作揖道喜說道親家老爺親家太太大喜這是你二位的德

行我們姑爺的學問我們這位何姑奶奶的福氣遭我閨女也沾了光了安太太道這是他們姐兒倆的造化親家老爺也該喜歡怎麽倒這麽說安老爺道都是你我的兒女你我彼此共之卻說公子這日要上梓潼廟原穿着是身便服因聽得泰山都換了袍褂進來了自已也忙着回家換衣裳張姑娘便趕過去打發他穿這個當兒張親家老爺那邊過何小姐纔要找女婿女兒道喜不曾說得出口只聽舅太太從西耳房一路叨叨着就來了口裡只嚷道那兒這麽巧事這麽件大喜的喜信兒來了偏偏兒的我[illegible]

提上褲子在那涼水盆裡汕了汕手就跑了來了我快兒見我們姑太太安太太在屋裡聽見笑着嚷道這是怎麼了樂大發了這兒有人哪說着早見他拿着條布手巾一頭走一頭說一頭擦手一頭進門及至進了門纔想起姑老爺在家裡呢不算外還有個張親家老爺在這裡那樣個敞快爽利人也就會把那半老秋娘的臉兒臊了個通紅也虧他那敞快爽利便把手裡的手巾撂給跟的人綳着個臉兒給安老爺道了喜便拉着他們姑太太道妹妹這可是你一輩子第一件可喜可樂的事你只說我樂大發了你再不想你們都是一重喜我是三重喜也算得我

外外中了也算得我女婿中了你們想我這個外外這個女婿還不抵我一個兒子嗎可不是三重喜你們怎麼遂得我樂糊塗了呢安老夫妻聽了大樂安老爺那等一個不苟言不苟笑的人今日也樂得會說句趣話兒了便說道喜怒哀樂之未發謂之中發而皆中節謂之和聖門絕無誑語大姐姐你可記得那日我說那出起兵來卧不安枕食不甘味的話你只道不信出兵忙的連毛厠都顧不得上你今日遇見這等一件樂事也就樂得毛厠也顧不得上了可見性情之地是一絲假借不來的說得滿堂大笑他自己也不禁笑得前仰後合這一陣大樂大家始終沒

得坐下他纔給張親家老爺道喜正要找張太太道過喜好招呼他小夫妻三個滿屋裡一找只不見這位張太太因問張親母呢我洗手的那個工夫兒他都等不得就忙着先跑了來了這會子又那兒去了安太太道沒見過來必是到小子屋裡去了說着公子換了衣裳同張姑娘一齊過來問了問說不會過去張姑娘說一定家去了張親家老爺說我方纔從家裡來沒碰見他這一陣夯親家太太鬧得舅太太也沒得給他們小夫妻三個道喜張姑娘忙着叫人出了二門繞到他家裡瞧了一回那位詹嫂也說沒家來舅太太道別是他也上茅廁去了罷張姑娘說

正是我也想到這裡纔叫柳條兒瞧去了也來不了了說着那柳條兒跑了回來說上上下下三四個茅廁都找到了也沒有親家太太當時大家都納悶詫異張姑娘急得緇着個眉頭兒乾轉說媽這可那兒去了呢他父親道姑娘你別着急呀難道那麽大個人會丟了張姑娘咧了一聲說爹你老人家這是甚麽話呢說罷扶了柳條兒親自又到後頭去找何小姐的腿快早一個人先跑到頭裡去了安太太舅太太也叫人跟着找張老同公子只不信他不曾回家又一同出去找了一遍順着連何公祠兩個爐張家那個廟都找了影向全無裡頭兩位少奶奶帶着一羣

婦了鬟上下各屋裡甚至茶房哈什房都找偏了甚麼人兒甚麼物兒都不短只不見了張親家太太登時上下鼎沸起來一個花鈴兒一個柳條兒是四下裡混跑一直跑到緊後院西北角上一座小樓兒跟前張姑娘還在後面跟着嚷你們別只管瞎跑太太可到那裡作甚麼去呢一句話沒說完柳條兒嚷道好了有了太太的烟袋荷包在這地下扔着呢且住這座小樓兒又是個甚麼所在呢原來這樓還在安老爺的太爺手裡經那位風水司馬二爺的老人家看過說遠遠的有個山峯射着這邊主房正在白虎尾上嫌那股金氣太重叫在這主房的乾位上起起

一座樓來鎮住安太翁便供了一尊魁星大家都叫作魁星樓至今安太太初一十五拜佛總在這裡燒香張太太來的時候也上去過他見那魁星塑得赤髮藍面鋸齒獠牙努着一身的筋疙疸蹺着條腿兩隻圓眼睛直瞪着他他有些害怕輕易不敢上去落後來聽得人講究魁星是管念讀書的人中不中的他爲女婿初一十五必來禮着樓磕個頭却依然不敢進那個樓門兒今日在舅太太屋裡聽得姑爺果然中了便如飛從西過道兒裡一直奔到這裡來破死忘生的作着膽子上去要當面叩謝魁星的保佑便把個裝荷包扔下一個人兒爬上樓去了及至

柳條兒着見烟袋荷包道一嚷何小姐道放心罷有了東西就不愁没人了他那雙小脚兒野雞溜子一般飛快跑到樓跟前摟起裙子來三步兩步跑上樓去一看張太太正閉着兩隻眼睛冲着魁星把腦袋在那樓板上碰的山响嘴裡可念得是阿彌陀佛合救苦救難觀世音菩薩何小姐不容分說上前連拉帶拽纔把他架下樓來恰好正遇張姑娘帶着一羣人趕了來張姑娘一見便說媽這是怎麽說呢可跑到這兒作甚麽來呢他道姑奶奶你看看姑爺中了這不虧人家魁星老爺呀要不給他老傢個頭咱心裡過得去呢何小姐道好老太太你别攙我了没把

個妹妹急瘋了公公婆婆也是急得了不得快走罷這個當兒安老夫妻那裡也得了信安太太合舅太太說道我這位老姐姐怎麽這麽個實心眼兒安老爺道此所謂其愚不可及也一時大家簇擁了他來安老夫妻不好再問他只說親家你實在是疼女婿的心盛了他也樂得不分南北東西不問張王李趙進了門兒兩隻手先拉着倆媳嬤道了陣喜然後又亂了一陣這個當兒外邊後來的報喜的都趕到了轟的擁進大門來嚷成一片嚷得是秀才宰相之苗老爺今年中了舉過年再中了進士將來要封公拜相的轉年四月裡報喜的還來呢求老爺多賞幾百

弔嗓嚷得裡面聽得逼淸闔家大樂公子這纔恭恭敬敬的放下袍袖兒來待要給父母行禮安老爺道且慢你聽我說這喜信斷不得差但是恪遵功令自然仍以明日發榜爲準何況我同你都不曾叩謝過天君佛祠我兩老怎好便受你的頭你只給我同你娘道了喜好見過你岳母岳父母公子便雙腿跪下給父母道了喜一樣的給舅太太張老夫妻道了喜金玉姊妹道過喜後安老爺安太太又叫他夫妻交賀一時裡外男女家人丫鬟小厮黑壓壓的跪了一屋子半院子齊聲叩賀完了又給爺奶奶道喜公子連忙出了屋子把張進寶拉起來二位奶奶這裡便

招呼兩個媳婦周旋長姐兒一時舅太太望着公子道這你父親可樂了張太太又問他說我們姑爺今兒個這就算八府巡按了不是呀舅太太道將來或者也作得到今兒個還早些兒安老爺聽了這話便長吁一聲道太太這不當着二位親家舅太太在這裡我一向有句話却從不會說起玉格這個孩子一定說望他到台閣封疆的地兒也不敢作此望想只我自己讀書一場不曾給國家出得一分力不曾給祖宗增得一分光今日之下退守山林却深望這個兒子完我未意之志却又愁他沒那福命克繼書香不想今日僥天之倖他竟中了且無論他此後的

功名富貴何如此占了這個桂苑先聲已經不負我十年課子的這番苦心出了我半載作官的那場惡氣這正是不須伯道傷無子生子常生寍馨兒要知後事何如下回書交代

兒女英雄傳評話第三十五回終

兒女英雄傳評話第三十六回

滿路春風探花及第　一樽佳釀釃酒酬師

這回書話表安老爺家報喜的一聲報到公子中了並且中得高標第六闔家上下歡喜非常道賀已畢便要打點公子進城預備明日揭曉後拜老師會同年這些事此時忙的怎能分身再去梓潼廟赴那個題糕雅集正要遣人去辭謝却又不好措詞恰好梅公子早從城裡打發人來打聽說城裡已經報動聽說公子中了因關切遣人來打聽果然恭喜了便請公子張羅正事不必赴約安老爺道裡打發來人又專人前去道答就便打聽那邊的信息一

時諸事停當纔打發公子進城公子辭過父母出來又到書房先見過先生然後纔動身這日按下不表再講場中那天填完了榜次日五鼓送到順天府懸掛起來安公子同下場的那班少年只莫世兄中了托二爺中了個副榜餘皆未中那場裡的三位主考拜榜後也便隨着出場有命那些內外簾官紛紛各歸寓所就中單講安公子那位房師婁主政這個人雖生長在個風高土厚地方性情不免偏於剛介究竟面目不失其真只因他天理中雜了一毫人欲在裡邊就不免弄成那等一個乖僻性情自從在場裡經了那番纔曉得雖方剛正直也罷也得要認[illegible][illegible]

理不是賭得脾氣的早力改前非漸歸平易因此出場後便急於盼望這個第六名門生安驥來見要看看他究竟是怎的個人好細問他一個端的恰好這日安公子第一個到門拜見投進手本去他看了連忙邀請安公子早已褐襲而來他一看見是個風華濁世的佳公子先覺得入如其文當下安公子鋪好拜氈遞過贄儀早拜下去他也半禮相還安公子站起來便說道門生年輕學淺蒙老師栽植知感知勉只是自問閱歷未深體用未備此後全仗老師生成教誨他便一把拉住公子的手說道年兄你我諸話莫談我且問你你平日作過一椿甚的大陰德事完

講來我聽公子被他這一問一時摸不着頭腦只得答道門生在家閉戶讀書凜遵庭訓不過守着幾句入孝出弟的常經那裡有甚麼陰德便是有既曰陰德門生自已又怎的會曉得婁主政一聽這話心裡說道這個門生且莫合他講文章只聽說話就比我通些便又問道然則一定是尊翁大人平日有個甚麼大功行了公子忙道門生父親平日却是認定一片性情一團忠恕身體力行便是教訓門生也只這個道理要定說那一樁是功行門生一時却指不出來他聽了早大生急呼的說了一聲如何這就無怪驚得動那等兩個大力量的來玉成你這功名了安

公子此時如何想得到他這位老師在場裡會見着他祖岳岳父了聽他說的這等離奇倒覺駭異不禁問道請示老師這話因何說起他纔恭肅其容鄭重其詞說道年兄你今日束脩來見我其實慚愧你這舉人不是我薦中的並且不是主司取中的竟是天中的說着便把他在場裡自闈卷到填榜目擊安公子那本卷子怎的先擯後取的情形從頭至尾不曾瞞得一字向這個門生盡情據實告訴了一徧還道賢契你看這段機緣得不謂之天乎儻然不是那個老人那位尊神開我愚蒙祇我婁蒙齋蒙一扯罷了豈不被我斷送了你一個眞功名埋沒了你三篇

好文字莫講我今日之下沒福合你作這個通家我要蒙齋這場任性違天的罪過可也不小你同去務必替我請教請教尊翁這老人合那尊神端的是怎生一個原由我是要把這節事刻在科塲果報裡遍布告多士的安公子聽他講了半日早巳悟到他講的那老人所說的子何人也那句話自然該是自巳的祖岳老孝廉何焯那位尊神所說的吾神何來那句話一定便是自巳的岳父新城隍何杞了但是想了想今日初謁師門怎得有許長工夫合他把兒女英雄傳前三十五回的評話從頭講起只得說道雖蒙師此說究竟仗着老師的力薦成全纔得備中那房

師聽了大喜茶罷二道論了會子安公子的詩文又細問安老爺的官階年紀纔知是位先達益加起敬安公子也便告辭準備去拜見座師接着城裡正有許多應酬他因記罣着還不曾拜過父母因此拜過座師便一逕出城回家在天地佛祠父母前磕過頭便在上屋拜見了舅母岳父母又去在何家岳父母祠堂先生館裡行了禮重新回到上房纔把他見各位老師的光景以至他那位房師講的話細回了父母一遍闔家聽了無不驚異贊嘆何小姐此時想起他父親來未免一陣心酸眼圈兒一紅只是在公婆跟前不好悲泣不想安老爺那邊早已淚流滿面嗚

咽不止一面擦着眼淚向太太說道我這位恩師在生之日我不知受了他老人家多少栽成不想今日之下他老人家久歸道山還來默佑這個小子叫人怎的不感極而泣因又吩咐公子道至於你身受你祖岳岳父的栽培從此更當益加感奮勉圖上進却不可仗着庇蔭鬼神之德稍存一分懈怠須知天道至進呼吸可通善惡禍福其應如響你可曉得一念不違天理人情天地鬼神會暗中呵護一念背了天理人情天地鬼神也就會立刻不容易有云積善之家必有餘慶積不善之家必有餘殃你只看他庇蔭字餘字必字何等有斟酌兩有字把這只可惜世人將[illegible]

他作老生常談讀過去了往往丟了這玉檢金科棄些才智用事以至好端端的骨肉倫常功名富貴轉眼間弄到蕩析淪亡困窮株守豈不可惜當下公子敬聽着父親的教訓便也如對越天地鬼神一般列公你看這位安老先生惹着他便是一篇嘮叨言者何其苦不憚煩聽者無乃倦而思臥其奈他家有這等一個善教的老子便有那等一個肯受教的兒子也算得個千載奇遇了閒話少說却說安公子見過父母纔回到自己屋裡金玉姊妹今日之下盼得夫婿中了兩個是一團精神張羅換衣裳換帽子這個叫丫頭伺候茶水那個又叫嬤嬤預備吃食這個問

了番連朝的車馬勞頓那個又提了些那日的晴雨寒暄看了他三個這番閨房昵昵兒女喁喁不禁令人要笑不知愁的那個閨中少婦當春日凝妝上那座翠樓的時候忽然看見陌頭一片楊柳春色就後悔不該叫他夫婿遠去覓封侯起來那一悔眞眞悔得丟人兒沒未見閒話少說却說安公子次日起來依然同明父母進城忙着去作會同年會同門公請老師赴老師請序齒錄送硃卷這些事直等赴過鹿鳴宴拜完了客也就躭延了十餘天早又交了十月纔待回莊園而來到了家只見門前冷靜靜的默默兒都不在跟前只有個劉住兒在那裡看門他問他

道老爺是在上房裡是在書房裡呢他回道老爺飯後同程師爺帶了個小小子往近山一帶閒走去了公子便一路進了二門早聽得太太歡笑之聲隔着玻璃一望原来同舅太太張親家太太帶了長姐兒在那裡鬬牌呢公子進了屋子見過母親也說了些近日城裡應酬匆忙的話便問道我父親不在家母親今日倒無事安太太道可不是自從你倆媳婦兒接過這個家去弄得狠妥當想的也週到我同你父親可就省大了心了這幾天你父親没事吃完了飯只坐在那裡拿着本子書瞧我說這麼好天氣爲甚麼不學鄧九公也出去閒走走活動活動呢今日纔

同你師傅到晚香寺看菊花去了我閑着也是白坐着我們就打起骨牌湖來了你瞧那机兒上的錢都是我贏的回來偺們娘兒們商量着弄點兒甚麼吃也難得贏你舅母倆錢兒舅太太笑道輸倆兒輸倆兒罷好容易盼得不鬭那個揪心牌了公子也笑了因回頭不見金玉姊妹便問了頭們道兩位大奶奶呢怎麼一個兒也不在這裡張太太道他倆可不得閑兒耍呀忙了這幾日了太太道真個的你也家去瞧瞧罷他們今兒忙呢公子便出了上屋回到自已院來將進院門只見張進寶華忠戴勁晉升梁材等一干人都站在倒座東邊那間[illegible]廳前聽着兩位大

奶奶房裡吩咐話呢他進了院門便奔了那屋裡來聽得屋裡問了一句說爺過來了他姊妹早已迎到堂屋裡接着問了兩句閒話便要跟過住房來公子道就在這裡坐罷說着公子先走到裡間只見靠北牕八先桌子上堆着大高的兩摞册子旁邊又擱着筆硯算盤公子道請洽公何小姐便笑道既如此索興讓我們把這點兒事料理完了僧們好說閑話兒公子便在靠南一張小牀兒上坐下只聽何小姐向牕外叫道張爹你把他帶進屋裡來張進寶答應一聲帶進一個人來公子一看原來是戴勤這個當兒何小姐還一長一短的合大家閑話一見戴勤

進來忽然把臉一沉問道我當日派你們幾個人分管這幾項地的時候話是怎麼交代的怎麼衆人都知道巴結照數催齊了獨你拖下尾欠來是甚麼原故戴勤忙回道奴才管的那地裡水有幾塊低窪地再者今年的雨水大那棉花不得曬都受了傷了下欠的奴才也催過他們趕明年麥秋准交何小姐道哦這就是你拖欠的原故難道你們四個人管的地不是我責承你們公同均勻搭配齊了的嗎是獨你管的這項地裡有低窪地啊是別人管的地裡沒種棉花啊還是今年的雨水大單在你管的那幾塊地裡下了呢這是莊頭佃戶搪塞你的話你怎麼也照着

樣兒揣塞起我來了有這樣的不如照舊由着莊頭鬼混去老爺太太又派管租子的家人作甚麽把個戴勤閒的閉口無言只低了頭又聽何小姐發作他道我是怎麽樣囑咐你說你向來臉軟經不得幾句好話兒這可是主兒家的事情上上下下大家的吃用別竟作好好先生臨期自悞怎麽頭一年就合我打起擂台來了還是我這話囑咐多餘了還是你是我的嬤嬤爹衆人只管交齊了你交的齊不齊就下的去呢你把這個道理講給我聽聽戴勤聽了這話連忙跪下說奴才下去趕緊催去何小姐冷笑了一聲說道你有此時纔催的早作甚麽來着交代這差

使的第一天我當着老爺太太面前告訴過你們大家辦好了老爺太太自有恩典是大家的臉面倘然悞了老爺太太的事那一面兒的話我就不說了臨期你們大家可得原諒我不想大家都知道原諒我倒是從你第一個先不原諒我起狠好說着把小眉毛兒一抬小眼睛兒一瞪小臉兒一揚望着張進寶叫了聲張爹說道你把他帶到外頭老爺書房頭裡請出老爺的家法來結結實實打他二十板子再帶進來見我戴勤此時唬得只是磕頭求奶奶開恩院子的家人一個個屏聲息氣連咳嗽也不敢輕易咳嗽堂屋裡的僕婦丫鬟只鴉雀無聲的竊聽把個隨

緣兒媳婦急得只是怪哭悄悄兒的磨着他媽給進去求
求戴嬷嬷也自着急待要進去又怵着不提進去早聽張
姑娘勸了一句說姐姐看着我饒他個初次罷只這一句
便聽何小姐高聲說道妹妹不是這麼着這樁事你我兩
個一般兒大的沉重怎麼叫我看着你呢要說因爲這是
個初次就饒他我正爲這是個初次所以纔饒不得他這
次正是個立法之初饒了這次往後就是例了獨饒了他
衆人都有得說的了要依然等到公婆操起心來你我怎
麽對公婆又怎麽對衆人慢講是他饒不得假如華奶公
今年有個拖欠你我講不得也該是一例的照辦纔公道

撂下這頭却說安公子自從去年埋首書齋偶然在家閒一刻便見他姊妹兩個三下五除一的不離手五畝七分半的不離口因自己一向正在用功正不曾留心這樁事到底弄到怎麽個分兒上了不想今日纔得應酬完了跑回家來正碰上這場熱鬧一時坐在一旁既不好伸手又無從開口因覺得有些餓了纔叫人揀了幾個甜餑餑來拿起來咬了一口正在嘴裡嚼着聽得他那位簫史鄉這半日倒像推番了核桃車子一般總不留住話說着說着那個氣好比煙袋換吹筒吹筒換鳥鎗鳥鎗換礮越吹越壯了自己待要開言解勸聽得張姑娘纔說了一句索性

連他嬤嬤爹華忠也刮擦上了却也防一說吃個釘子正在爲難只見張進寶聽得大奶奶吩咐先答應了一聲嗻便顫巍巍扶着杌凳兒跪下去回道奴才有個下情求奶奶恩典牕外的家人見他跪下轟都跪下了兩個嬤嬤便也帶了隨緣兒媳婦跟着張進寶跪在屋門外頭何小姐連忙站起來說張爹你快起來有話起來說說着便叫花鈴兒快把你張爺爺攙起來又說這事不與倆嬤嬤相干你兩個也只管起來又叫大家也起來張進寶站起身來纔慢慢的說道這件事戴勤算實在辜負主兒的恩典就是奴才平日不能提補着他也有不是求奶奶開恩可憐

他個糊塗聽不出主兒的吩咐來再者看他平日差使也還勤謹奶奶賞奴才個臉饒他這次奴才下去幫他催去也不用講甚麼麥秋不麥秋那天催齊了趕緊就交上來要悞了事請奶奶連奴才一併責罰戴勤此時一聲兒也不敢言語只在那裡磕頭只聽何小姐坐在上面說道張爹你是個有歲數兒最明白的人我方纔的話却不爲他短交這百十弔錢挹見你知道的帳上現在也不至於亢等這項錢使也不是我年輕高興不顧家人含怨便是看着我嬷嬷從小兒奶到我這麼大在他跟前也該從寬些但是婆婆[illegible]怎麼[illegible]也[illegible]不[illegible]老爺太太去也還

不過家裡這個大局去說着又問着公子合張姑娘道爺合妹妹白想我這話說的是不是這二位好容易聽着他口話兒鬆了點兒了誰還敢道個不字二人齊聲答道說的狠事可是張爹方纔說的只可憐他個糊塗罷說着倆小姐早又回過頭去望着張進寶說道張爹你瞧這麼著他說着我只看你這個老臉兒看着你還是看着老爺太太待你恩典重的上頭今日權且饒他這頓板子也不用你幫他催大約叫他十天八天催齊也不能限他到年底給我交齊了說着又從桌兒上拿起一個單子來交給張進寶看說你瞧這是我們商量着給你衆人擬出來的幾

賞單子打算請老爺太太看了好施恩他也是一樣不想他不愛這個好看兒叫我可有甚麼法兒呢他這分賞只好撤下來罷至於莊頭可寬不得你下去就照着我定的那個章程辦去張進寶連珠砲的答應嗻便望着戴勤道這還不快叩謝爺合二位奶奶的恩典嗎那戴勤連忙摘了帽子碰了陣頭纔隨張進寶出去兩個嬤嬤合隨緣兒媳婦又進來要磕頭何小姐連忙一把拉住他兩個又安慰戴嬤嬤道你可別報怨我我可是沒法兒戴嬤嬤此時感畏不過那裡還敢報怨當下他姊妹兩個歸着清楚纔同公子過正房來卻說安公子見金玉姊妹已經把家裡

整理得大有眉目自己的功名却纔走得一半途程歇了兩日想到明年會試山不得不急着用功恰好一日安老爺偶然走到書房裡見他正在那裡擬了幾個題目想要請老爺看定依課作起文來安老爺看了看試題目倒都擬的是的只是要作會試工夫却比鄉試一步難似一步了鄉試中後便算交過排場明年連捷固好不然還有個下科可待到了會試中後緊接着便是朝考朝考不取殿試再寫作差些便拿不穩點那個翰林不走翰林這途同一科甲就有天壤之別了所以凡有志科甲者旣中了舉那進士中與不中雖不可預知却不可不預存個必中之

心早盡些中後的人事這人事要怎的個畫法呢只對策寫殿試卷子這兩層功夫從眼下便得作起我的意思每月九課只要你作六課的文章其餘三課待我按課給你擬出策題來依題條對凡是敷衍策題抄襲策料以至用些架空排句塞責都來不得的一定要認眞說出幾句史漢經腴將來纔好去廷對你的字雖然不醜那點畫偏旁也還欠些講究此後作文便用朝考卷子謄正對策便用殿試卷子謄正待我給你閱改非我見你旣中了個舉轉這等苦口求全責備也慮着你讀書一場進不了那座淸秘堂用個部屬中書已就失之毫釐謬以千里了再要遭

際不偶去作個榜下知縣我便是你的前車之鑒不可不知列公只看這位安位先生怕作知縣算到了頭兒了衙顧兒子也算到了頭兒了但是也得他有那個衙顧兒子的本事學問儻然我說書的果然也有個會試的兒子都吽我合他講些甚麼來閑話少說却說安公子遵着父親的教訓依然閉門用起功來準備來年會試這書有話即長無話即短撚指之間早又到了次年禮闈臨近了安老爺正想着這次不知是那幾位主司進去不想得了信這次的大總裁又熟人過多了原來那時烏克齋已陞了兵部尚書協辦大學士兼內務府大臣莫學士也陞了侍郎

吳待郎又陞了總憲三個一齊點進去正是安公子的兩位先生一位世弟兄不消關節只看他的路數筆氣那卷子也就是亮的了何況他還是個門裡出身的眞實藝業此番焉有不中之理看看到了場期那安公子凉的個進場出場不煩重敘等到出榜又高高的中在十八魁以內安老爺一家的歡喜熱鬧更不待言緊接着朝考八了選便去殿試那殿試策題問的是經學史學漕政捕政四道安公子經安老爺這幾個月的造就工夫那本殿試卷子眞眞作得來經經緯史寫得來虎卧龍跳欽派閱卷大臣把他擬定在前十本以內城裡有烏吳莫三位這等一班

最關切的人還愁安老爺得不着信不成當日就早給得了個密信暗暗放心說只要在前十本無論第幾這二宗是拿得穩的編修便可望了卽說到了升殿傳臚的頭一天讀卷大臣先進上前十本去恭候御筆欽定那鼎甲一二三名狀元榜眼探花二甲第一名的傳臚以至後六名的甲乙上去之後那班新進士都在保和殿後左門外候旨預備欽定下來那個占了前十名立刻就要預備帶領引見這個當兒除了那殿試寫作平平自分鼎甲無望的不作妄想外但是有志之士人人跂足昂頭在那裡望着想這個前十名更想那前十名鼎甲的三名內中只有安

公子此時不但自知旗人格於成例向來沒個點鼎甲的便是他在前十名也早密密的得了信兒了心裡暗想便是取在第十名也還在二甲裡此番回家上慰父母所不待言連我那簫史桐卿那個插金花飲瓊林酒作夫人的三個難題目我也算交過兩篇卷了因此他只管在那裡一樣的聽信却比衆人心裡落得安閒自在閒中無事只靠在後左門旁邊望着大院子裡看熱鬧只見那座宮門的台堦兒倒有一人多高正門左門掩着只西邊這間的門開着一扇豹尾森排雀翎拱衛只不聽得有個高聲說話的再看院子裡那些預備帶領引見的官員都在乾清

門墻下伺候聽喜又有這班新進士的同鄉同年至親本家這日有事無事都各各借着公事來關切探聽還有一班好事些的雖然與他無干也要知道知道這科的鼎甲是誰又有那些跟班的筆政爺們更要竊聽個消息預備在大人跟前當個鮮明差使一時那大院子裡千佛頭一般擠擠擦擦站了一院子人都揚着腦袋向那乾清門上望着那門上站的一班侍衛公不住的在那裡吆喝積扐汗積扐汗者清語聲音也恐其人多聲聚雖聖人遠在深宮一時聽不見防得是御前大臣碰見普化天尊般的一聲雷那些侍衛公便持不住大家正在盼望只見一個奏

事黄門官從門裡出來宣了狀元榜眼探花傳臚的名次人多地方廠一時有聽的眞的有聽不眞的還有站得遠些擠在後面的許多人一個個矮身欠脚長身延頸半日還不曾打聽明白狀元是誰又彼此探問傳說了會子纔知那一甲一名狀元姓奚江蘇人名叫奚振鐘一甲二名榜眼姓童浙江人名叫童海晏一甲三名探花便是正黄旗漢軍人安驥二甲一名傳臚却是個姓馬的叫作馬行顯那狀元榜眼傳臚的一班親友聽得個個歡喜所不待言只忽然聽得本科探花點了個旗人人人驚異都說這寶在要算本朝破天荒的第一人了紛紛納罕那知我大

滿兵民畏法官吏知法大臣執法聖天子神明乎法原來那日進上前十本殿試卷去聖人見那第三本雖然寫作具佳祇是策文靡麗而欠實義字體姿媚而欠精神料不是個遠大之器及至看到第八名安驥這本不但寫得黑圓光潤那策文的經學史學兩條對得本本源源漕河捕政兩條對得來條條切中利弊天顏大喜便從第八名提向前來定了第三名把那原定的第三名改作第八名因此安公子便占了個一甲三名的探花郎却說從左門的那班新進士見宮門一陣響鞭亂動知是卷子下來了時候離得越近心裡望得越緊緊接着便是那班帶引見的

官如飛而來忽然見一個胖子分開衆人兩隻手捧着個大肚子兩條腿踹落踹落的跑得滿頭是汗張着張大嘴一上踐踩便叫龍媒龍媒衆人又不知龍媒爲誰他一眼看見安公子便跑到他跟前只說了個恭喜兩個字便扶了安公子的肩膀喘個不住可再說不出話來了安公子出其不意倒被他唬了一跳定睛一看纔認出是何麥舟這何麥舟便是安公子當日上淮安的時候同管子金兩個來幫盤纏的那人安公子見他這個樣子只悶說怎麼了他纔喘吁吁的伸了三個指頭說龍媒恭喜你點了一甲三名探花了安公子只是不信這個當兒早聽那班[illegible]

引兒的官兒一名一名叫到他的名子果然一甲三名叫得是安驥安公子此時驚喜交集早同了那七八個人一個個跟着來到乾清門排班大家圍着一看只見狀元濤華丰采榜眼擬重安詳到了那個探花說甚麼潘安般貌子建般才只他那氣宇軒昂之中不露一些紈袴溫文儒雅之內不粘一點寒酸真真是彝鼎圭璋熙朝人瑞就連那個傳臚也生得方面大耳一部濃須像是個幹濟之才眾人不勝嘆賞那知這班草茅新近初來到這禁籞森嚴地方一個個只管是志等雲飛却都是面無人色十個人一班兒排在那裡只口中念念有詞低着頭悄默聲兒的演

習着㫖履歷不一刻只見黃門官站在那高台堦上說了句引見便魚貫而入的帶上去引見下來名次不動靜候次日升殿傳臚却說安公子回到宅裡想到這番意外恩榮諸事不顧一心只想飛回去見着父母正不知二位老人家當如何歡喜無如明日便是傳臚大典緊接着還有歸大班引見赴宴謝恩登瀛釋褐許多事授了職便要進那座翰林院到任事不由巳無法只得先差人回園代的給父母叩喜就禀知所以改點一甲三名的原故這回書交代到這裡又用着說書的一張口難說兩家話的俗套頭了竟回來便要講到安老爺在家候信的話却說安老

爺到了公子引見這日分明曉得兒子已就取在前十名大可放心了無如望子成名比自己功名念切還加幾倍一時又想到相公的滿州話兒平常怕他上去背不上履歷來一時又慮到孩子靦腆怕他起跪失了儀從天不亮起來坐在那裡看兩行書擱下又滿屋裡轉一陣寫幾個字擱下又走到院子裡望望等到日已東昇這個心可按捺不住了忙忙的洗了手換上大帽子到了自己講學那間屋子去親自向書架子上把周易蓍草拿下來桌子擦得乾淨佈起位來必誠必敬揲了回蓍要卜卜公子究竟名例第幾揲完却卜着火地晉卦一看那康侯用錫馬蕃

庶晝日三接三句便有些猶疑心裡暗道四大聖人這兩卷周易誠然是萬變無窮我的這點易學却也有幾分自信怎的今日卜得這一卦我竟有些詳解不來按這個晉卦的卦像火在地上自然是個文明之兆康字豈不正合安字的字義馬字又是個驥字的左畔分明是玉格的名字了這晝日三接不消說是個承恩之意我心裡却卜得是他的名次難道會名列第三不成那有個旗人會點了探花之理不是這等解法又參詳了半日說呀不妙了莫非他改了三甲了罷說着又自已搖搖頭說益發不是從沒個前十名會改三甲的況且他那本底子我看過的詩

說有過麼毛病那班讀卷的老前輩都是何等眼力又怎的把他列到前十本去呢越想心裡越不解便收拾起來回到上房把這段話告訴太太合舅太太舅太太說姑老爺你不用儘着猶疑了因指着金玉姊妹兩個道前兒個我們娘兒三個說閒話兒還提來着我說你們一家子只管在外頭各人受了一塲顛險回到家來倒一天比一天順當起來了他姐兒倆提起張親家母去年的話來還笑說這底下還要搶頭名狀元作八府巡按呢我說你們倆不用笑賤起你們老爺太太的居心行事再碰上你們家的家運只怕我們這個小姑爺子照鼓兒詞上說的竟會

點個鼎甲放了巡按還定不得呢瞧瞧是應了我的話了不是安老爺此刻是一心正經笑道這個怎的合那先天周易講得到一處正說着只見晉升忙忙的跑進來說回老爺有位老爺要拜會老爺老爺便怪着他道到底是誰要拜會我只這樣一個禿頭老爺我曉得他是誰你說話怎麼忽然這等糊塗起來了晉升道這位老爺沒來過奴才不認得奴才方纔正在大門板櫈上坐着見這位老爺騎着匹馬老遠的就飛跑了來到門口下了馬便問奴才說這裡是安宅不是奴才回說是奴才見他戴着個金頂子便問老爺找誰他說你快請你們老太爺出來我有話

說奴才問老爺怎麼稱呼要見主人有甚麽事說明了家人好囘上去他說你別管只管囘去罷說着自已把馬拴在樹上就一直跑進大門來了奴才只得讓到西書房去坐他還說請你們老太爺快出來我還要趕進城去呢安老爺聽了也心中詫異不及換衣服便忙忙的出去見那位老爺安太太舅太太張太太一時聽了更摸不着門子不放心忙叫了個小子跟着老爺出去打聽却說那位老爺正坐在西書房炕上蹺着條腿兒刁着根小烟袋兒腰裡拿下火鏈來纔要打火吃煙見一掀簾子進來了個清瘦老頭兒穿着身彭舊衣裳他望着勾了勾頭兒便道一

塊坐着不則貴姓啊安老爺答道我便姓安恕我家居輕易不到官場在場的諸位相好都不大認識了足下何來到舍下有何見敎他這纔知是安老爺連忙扔下烟袋請了個安說原來就是老太爺慌得安老爺躬身拉起說素昧平生怎麼行這個禮這等稱謂請問外頭怎麼稱呼他纔說道筆帖式姓賀名字叫喜升不敢回老太爺外頭人都稱筆帖式是喜賀老大我們大人打發來了叫道老太爺的大喜說宅裡的大爺中了探花了安老爺聽他這話說得離奇疑信參半忙問貴堂官是那位他纔說包衣按班高大人筆帖式今日是堂上聽事的班兒我們大人把

我叫到左門兒親口吩咐說纔在桌兒上見前十本的卷子下來看見大爺的卷子本定的是第八名主子的恩典把名次升到第三點了探花了差派筆帖式飛馬來給老太爺送這個喜信還說因爲老太爺是我們大人的老師算煩筆帖式辛苦一蕩筆帖式抓了匹馬就來了方纔筆帖式眼拙沒瞧出老太爺來老太爺萬一見着我們大人還求美言兩句說着又請了個安安老爺此時心裡的樂纔叫個夢想不到那裡還計較這些小節看了看那位[illegible]賀大爺的年紀纔不過二十來歲不好叫他大哥又與他並統無屬不好稱他賀老爺便道老弟說那裡話着實受

乏了改日我再親去奉拜先叫我小子登門道乏去說着
讓他喝茶吃烟那位喜賀大爺坐了一刻便起身告辭說
筆帖式還得趕到宅裡銷差去呢安老爺送到大門看他
上了馬加上一鞭如飛而去纔笑吟吟的進來這個當兒
安太太同金玉姊妹以至舅太太張太太早得了信了彼
此相見闔家登時樂得神來天外喜上眉稍只這個當兒
泥金捷報也早趕到了這番稱賀不必講比公子中舉的
時候更加熱鬧安老爺道大家且靜一靜我這半日只像
在夢境裡呢說着定了定神纔道這個信斷不會荒唐我
不能不信卻不敢自信我此時竟要親自進城走一盪

則見了玉格到底問個明白是怎生一件并二則他作繼這等一件意外的恩榮自然也有許多不得主意我就當面指示明白免得打發個人去傳說不清安太太聽了忙說老爺這話想的狠是說着一面就叫人預備車馬打點衣裳正上上下下裡裡外外忙成一處這個當兒公子差來的人也到了安老爺按着問了問依然不得詳盡便穿好衣裳備齊車馬進城家中自有太太合二位少奶奶並家人們料理按下不提那說安老爺從莊園來到住宅公子見自已不能分身同園叩謁父母倒勞父親蒞來慌忙出來跪迎問安此時父子相見那番歡喜更不待言一時

張老也迎出來彼此稱賀安老爺進來不及問談坐下便問公子究竟怎的便得高點鼎甲的原由公子隨把今日引見并見着烏大爺怎的告知的詳細從頭回了一徧老爺方得明白因也把今日早起卜易怎的卜着晉卦恰好烏大爺着那位喜賀大爺到園送信的種種情節告訴公子因說道從來說聖心即天心然則前人批詠詩聞國政講易見天心的兩句詩眞是從經義裡味出來的名言便是我那日給你出的那個詩題也莫非預兆了說着纔待合親家老爺敘敘連日的濶別不想親家老爺倒像個主人早在那裡替女壻張羅老爺的酒飯當下他父子翁壻

們前安老爺因公子中後城內各親友都會遊到莊園賞
喜如烏吳莫諸人以及諸門弟子也都去過滑冰門婆
紫齋自從合老爺作通家後見了安老爺佩服得五體投
地時常要來親家領教安老爺是有教無類的竟[illegible]對待
他另變了個氣味了那烏克齋原是安老爺的學生如今
又作了公子的座主早行了個先施的禮彼此各行各道
公子尊他為師他却仍尊安老爺為師此科甲中常例也
安老爺便趁這遨進城一一的拜過又到了那位喜賀大
爺門首道了個乏倒累他次日連忙到莊園來請安繳帖
過了兩日又送了八盆兒關防衙門的內造餑餑來此是

後話却說安老爺連日在城內拜完了客又把公子的事一一佈置指示明白便吩咐他索性等諸事應酬完畢再回莊園又給他看定了個歸第的吉日公子一時得了主意安老爺便先回雙鳳村閒中商量起兒子歸第的事來一天老夫妻兩個同着媳婦正計議家事只見舅太太合張太太過來舅太太坐下便道姑老爺我有句話要合姑老爺商量可是張親家的事親家公是怵着碰你個釘子不肯說親家母呢他說他是個鋸了嘴的葫蘆還說你說的話他聽着摸不着門我瞧着咱兒說咱兒好還帶管說嘮叨的得咱他說成了幾好前兒個我合我們姑太太前

量了曾子姑太太也拿不穩你老的主意我這裡頭可笑着窄呢你可不許合我鬧一大車書你就請出孔聖人來也不中用這件事總得給人家弄成了論安老爺這個人蹈仁履義折矩周規不得不謂之醕儒只是到了他那動稱三代起來那眞也令人不好合他共事不知這位舅太太怎的一眼把個生剋制化的道理看破了只要舅太太一開口水心先生那副正經面孔便有些整頓不起來也搭着這位老爺的近況正是身靜心閑神治興會聽舅太太說了這陣便笑道夫商量者商其事只可否互相商酌二行之謂也你如今話不曾說先說請出孔聖人來也不

中用然則還商出些甚麽量來舅太太道我不管這些你只說應不應罷安老爺道益發大奇你就叫我看篇文章也得先有個題目如今文章倒作了大半篇始終不曾點出題來却叫我從那裡應起舅太太又道姑老爺常說的呀孔夫子的徒弟誰怎麽聽見一樣兒就會知道兩樣兒又是誰還能知道十樣兒呢姑老爺這麽大學問難道我說了這麽些句話你還聽不出個四五六兒來嗎安老爺道阿論語要這等講法亦吾夫子之厄運也安太太道你們可慪壞了人了這到那一年是個說得情楚啊等我說罷因說道張親家的意思是因爲玉格中了要給他熱鬧

熱鬧纔說了一句安老爺早一副正色道要是打算唱戲作賀可斷使不得這郤不敢奉命舅太太道不是不用唬的那麽個樣兒等我告訴姑老爺張親家說的是他們外省女婿中了狀元都興丈人家請遊街誇官就是偺們城裡頭我也還趕上過老年還興這個熱鬧兒姑老爺想來也趕上了講到你中舉的時候我們家可沒清過我先說了省得你回來又比出個例兒來如今張親家想着等女婿回家這天打發人遠遠兒接出去給他弄分新執事也給他插上金花披上紅把他接了家來一則是個熱鬧兒再者一個小孩子中了會子也叫他興頭興頭姑老爺說

使得使不得罷這個當兒不惟安太太金玉姊妹望着老爺慶賀罷連長姐兒都不錯耳輪兒的聽者爺怎麽個說法只見老爺聽罷啞然大笑說道我只道是怎麽個難題目原來爲此何須辭費到如此此亦不讀書之故也聽我講那花紅不消費心有朝廷的恩賜赴瓊林宴這日一榜新進士都要領的却只有榜眼探花傳臚一定要披戴起來纔成得這個盛典至於執事國初的時候官員都有例用的執事只翻出會典來看上面載得明明白白如今玉格既點了探花自然該有他應用的儀仗這東便是真個請教見夫子孔夫子也没個不許可的理有甚麽使不得

的安太太見老爺難得有這等一樁俯順羣情的事也自
高興便閒談道眞個的既是例上有的怎麼如今外省道
有個體統京裡的官員倒不許他使呢安老爺道是不許
也非不許也你們既不博古焉得通今這可就要知因地
制宜因時制宜的道理了我朝以弓馬取天下從不聽得
甚麼叫作圖安逸國初官員乘馬的多坐轎的少那班世
家子弟都是騎馬還有騎着駱駝上衙門的呢漸漸的忘
了根本便講究坐轎車漸漸的走入下流便講究跑快車
漸漸的弄到不能養車便講究僱驢車漸漸的連僱驢車
也不能了沒法雖從大夫之後也只得徒行起來了哇何

況一路還要到鼻煙舖裡裝包烟茶館兒去喝盌茶這要再用上分執事成個甚麼體統如今既是親家這等疼孩子我也不好故却待我着個人替他照那會典上開載的不奢不儉置辦一分起來何如張太太聽了半日聽這句話頭兒彷彿是應了便合舅太太說道我合你說儕話兒來着人家親家老爺憑儕事兒你給他說在理上他沒個不答應的不是舅太太道說了半天敢則孔聖人就在這兒呢大家一笑而罷却說安公子傳臚下來授職用了編修接着領宴謝恩登瀛釋褐一切公私事宜應酬已畢便打聽着安老爺給他定的那個歸第吉期收拾回園叩

見父母他來回家之前那恩賞的旗匾銀兩早已領到安老爺先在莊園門外立起一對高大硃紅旗桿那莊門外本有無數的大樹此時正是濃陰滿地綠葉團雲的時候遠遠的望着那萬綠叢中一點紅便有個更新氣象莊門上高懸一面粉油大字探花及第的竪匾迎門墻上滿貼着泥金捷報的報條出入往來的那班家丁倍常有興裡邊兩位當家少奶奶早吩咐人在當院裡設下天地紙馬香蠋香案又掃除佛堂上着滿堂香供家祠裡也預備祭筵安老夫妻又叫在何公祠也照樣備辦一分供獻擇日安老爺因是個喜慶日期兼要叩謝天恩祖德便穿了件

縱線打邊兒加紅配綠的打子兒七品補子的公服安太太舅太太都是鈿子褂衣兒張親家老爺先兩日早回了莊園新攢了一套羽毛袍套親家太太又作了一件絳色狀元羅面月白永春裡子的夾紗衫子穿的紗架也似的金玉姊妹此刻是欽點翰林院編修探花郎的孺人了按品漢裝也掛上朝珠穿着補服兩個人要討婆婆的喜歡特特的把安太太當日分賞的那兩隻雁塔題名的雁釵戴在頭上事有湊巧恰值何小姐前幾天收拾箱子找出何太太當日戴的一隻小翠雁兒來嘴裡也含着一掛瓔

[illegible]

戴着雙喜雁兒也把他那隻戴在頭上婢學夫人十分得意這日天不亮張老便合親家借了兩個家人帶了那分執事迎到離雙鳳村二十里外便是那座梓潼廟等候那執事是一對開導金鑼兩對賜進士出身欽點探花及第的硃紅描金銜牌一對清道旗一對朱花旗一對金瓜一把重沿藍傘公子那邊從頭一日收拾停當了次日起早帶了家丁便回莊園而來半路到了梓潼廟吃些東西換了衣服一路鑼響開導旗影搖風公子珠掛沉檀衣繡鸂鶒頭插兩朵金花身披十字彩紅騎一匹雕鞍金坶的白馬迤邐向雙鳳村緩緩而來一路也過了四五處鄉村也

過了兩三條鎮市那兩面彌接連十三棒敲的不斷惹得那些路上行人深閨兒女都彼此閑論說這讀書得作官的果是誰家子一程一程來到臨近公子在馬上望着那太空數點白雲匝地幾痕芳草恰還那年下半年有個閏月北地節候又遲滿山杏花還開得如火如錦兩團杏花風裡簇擁他白面書生的一個探花郎好不興致近山一帶那些人家早就曉得今日公子回第的信息一個個扶老攜幼抱女攜男都來夾道歡呼的站在兩旁看這熱鬧內中也有幾個讀過書的龐眉皓髮老者扶了根拐杖在那裡指指點點說道不知道這安水心先生怎樣自修覺

生得這等一位公子又不知這位公子怎樣自處纔虛了怎般一個人物話休絮煩須臾公子馬到門前一片鼓樂擬耳裏頭兒聽得公子到了公子離鞍下馬整頓衣冠抬頭一望先望見門上高懸的探花及第那四個大字進了大門便是家家丁迎着叩喜走到穿堂又有業師程老夫子那裡候着道賀他匆匆一揖便催公子道我們少刻再談老翁候久了公子讓先生進了屋子纔轉身步入二門兒見當院裡擺着香燭供桌金玉姊妹在東邊迎接一對僕婦丫鬟都在西邊叩見公子此時不及寒暄便恭肅趨蹌上堂給父母請了安見過舅母岳母安老爺此時已經

滿面的祭如在祭神如神在了公子纔得請過安老爺便站起來望着公子道隨我來便把公子帶到當庭香案跟前早有晉升兩個家人在那裡伺候點燭拈香安老爺端拱焚香炷在香斗裡帶領公子三跪九叩叩謝天地退下來前面兩個家人引着從東穿堂過去到了佛堂佛堂早已點得燈燭輝煌香烟繚繞安老爺向來到佛堂不准婦人站在一旁敲磬的那個伺候佛堂的婆子老早早躲在一邊去了家人敲了磬老爺帶領公子拜了佛出來仍由原路出了二門繞到家祠因公子在城裡早在宗祠裡磕過頭了便一直的進了祠堂在他家始太爺老太太

向主前祭奠行禮已畢出了祠堂門安老爺向來行不由徑便不走那座角門仍從外面進了二門來到上房公子待父親進房歸坐便要給父母行禮了只見安老爺上了台堦兒回頭問着晉升葉通道我吩咐的話都預備齊了沒有兩個答應了一聲齊了便飛跑出了二門同了許多家人抬進一張搭着全虎皮椅披的大圈椅又是一張搭案來你道安老爺一個家居的七品琴堂況又正是這等初夏天氣怎的用個虎皮椅披呢原來那漢宋講學大儒如關西夫子伊閩濂洛諸公講起學來都要設絳帳擁臯比安老爺事事師古因此自已講學的那個所在也是這

等制度不想今日正用着他抬進來老爺親自帶了家人把那椅子安在中堂北面椅子前頭便設下那張書案這個當兒張老夫妻是在他家等着接姑爺呢只有舅太太安太太金玉姊妹并一班丫鬟幾個家人媳婦在那裡見安老爺回到上房且不坐下受兒子的頭先這陳布席設位諸女眷只得閃在一旁舅太太先納悶兒道怎麽今兒個他又外廚房裡的竈王爺鬧了個獨坐兒呢回來叫我們姑太太坐在那兒呀安太太見老爺臉上那番屏氣不息勃如戰色的光景早想到定是在那位神佛跟前許的甚麽願心便在傍問道老爺不用個香爐蠟台麽好到佛

堂講去只見老爺搖搖頭道那香燭都是那班愚僧誤會佛旨今日這等儀飾豈是焚香燒燭褻瀆得的當下不但諸女眷聽了不得明白連公子也無從仰窺老人家的深意只得跟着來往奔走一時設畢安老爺又吩咐就上祭罷只見衆家人從二門外端進四個方盤來老爺便帶了公子一件件捧進來擺在案上大家一看右手裡擺着一方錫鑄的硃墨硯台又是兩隻硃墨筆挨着硯台擺着一根檀木棒兒一塊竹板兒左手裡擺着却是安老爺家藏的幾件古器一件是個鐵打的沙鍋淺兒模樣兒底下又有三條腿兒據安老爺平日講說是上古燧人氏教民火

食烹飪始與時候的鍋名曰燧釜一件像個黃沙大盌說是帝堯當日盛羹用的名曰土鉶一件是個竹筐兒便是顏子當日簞食瓢飲的那個簞那個黃沙碗裡裝着一盌清水那兩件裡一個裝着幾塊山澗裡長的綠翳青苔俗叫作頭髮菜一件裝着幾根海島邊生的烏皮海藻便是藥鋪買的那個鹹海藻把這分東西供得端正然後安老爺親自捧了一個圓底兒方口兒的鐵酒盃說那便是聖人講的觚不觚觚哉觚哉的那個觚盃裡滿滿盛着一盃清酒老爺兢兢業業舉得升空過頂從東邊獻到座前供好了整整三揖而退纔退到正中帶領公子行了個四拜

的禮立起身來又從西邊上去撤下那盃酒捧着作了個揖出了院子早見葉通捧過一束白芽根來單腿跪着放在堦下安老爺纔望空一舉把那盃酒奠在那白芽上進來又站在那書案的旁邊問公子道你可知我今日這個用意列公你看安公子真算得了他老人家點兒衣鉢眞傳他會明白了只聽他控背答道西邊這幾件自然是丹鉛設教夏初收威的意思東邊這幾件想是澗溪沼沚之毛蘋蘩蕰藻之菜筐筥錡釜之器潢汙行潦之水那簞食瓢飲止是至聖大賢的手澤口澤只不知那奠酒爲何要用着白茅根安老爺道這個典你只看爾貢包茅不入王

祭不供無以宿酒的幾句註疏就曉得了公子道還要請示父親今日祭的是那位古聖先賢安老爺道古聖先賢怎的好請到我內室來因指着何小姐道這便是他的祖父我那位恩師當年我不受他老人家這點淵源却把甚的來教你你不經我這番訓誨又靠甚的去成名這便叫作飲水思源敢忘所自你要曉得這等師生却合那托足權門垂涎外任的師生是兩種性情兩般氣味安老爺將說完這話舅太太便道得了收拾收拾二位快坐下讓人家孩子磕頭罷我也家去等着陪姑爺去了這裡衆人忙着收拾清楚安老爺安太太便向正面牀上雙雙歸坐公

子纔肅整威儀上前給父母行禮列公你們他那頭上朶金花肩上十字披紅朝珠補服肅整威儀的情形裡頭廻想他三年前未曾見個生眼兒的人先臉紅未曾許點窩心的事兒先撇嘴的那番光景可不是大妞妞似的一個公子哥兒來着麽纔得幾天兒居然金榜題名玉堂學步成「人了只這膝前一拜你瞧他那雙父母看着怎的不樂只見他老夫妻一個拈鬚含笑一個點首堆歡兩邊站着那班了鬟僕婦望着老少主人也都是展眼舒眉一團喜氣這個當兒就把個長姐兒忙的又要伺候老爺太太又要張羅兩位奶奶已經手脚不時閒兒了他還得耳

輪中聒噪着探花眼皮兒上供養着探花嘴唇兒邊念道着探花心坎兒裡温存着探花難爲他只管這等忙竟不曾短一點過節兒落一點神情兒長姐兒尚且如此此時的金玉姊妹更不消說是難得三千選佛輪他玉貌郎君况又二十成名是妾金閨夫婿他二人那一種臉上分明露的出來口裡轉到說不出來的歡喜就連描畫也描畫不成了一時公子拜罷起來只聽安老爺合太太說道太太我家這番意外恩榮莫非天貺君恩祖德神佑不想你我這個孩子不及兩年的工夫竟作了個華國詞臣榮親顯祖且喜你我二十年教養辛勤今日功成圓滿此後這

副承先啟後的千斤擔兒好不輕鬆爽快太太道是雖說是老爺合我的操心也虧他自己的立志我不是說句偏着媳婦的話也虧這倆媳婦兒幫他老爺道正是這話古有云退一步想過十年看這兩句話似淺而實深當我家娶這兩房媳婦的時候大家只說他門戶單寒當我用了那個知縣的時候大家只說我前程蹭蹬你看今日之下相夫成名的正是這兩個單寒人家的佳婦克家養志的正是我這個蹭蹬縣令的佳兒你我兩個老人家往後再要看着他們夫榮妻貴子孝孫賢那纔是好一段千秋佳話哩這正是如花眷作探花眷小登科後大登科這回書

交代到這裡便是兒女英雄傳第四番的結束要知後事

何如下回書交代

兒女英雄傳評話第三十六回終

兒女英雄傳評話第三十七回

誌過銘嫌隙成佳話　合歡酒婢子代夫人

上回書交代到安公子及第榮歸作了這部評話的節目一番結束這段文章自然還該有個不盡餘波都說他這日拜過父母便去拜見舅母金玉姊妹也一同過去三個將進院門早見舅太太在屋門口兒等着見他們來了笑道這可說得是個新貴了連跟班兒的都換了新的了說着公子進門便讓舅母坐下受禮舅太太說我不叫你磕這個頭大概你也未必肯就磕罷公子一面跪下他一面拉住公子的手說道快快兒的升早些兒換紅頂兒不但你們

老爺太太越發喜歡了連我這乾丈母娘可也就更樂了公子被舅母緊拉着一隻手說個不了只得一手着地答應着行了禮起來舅太太便讓他摘帽子脫褂子又叫人給倒茶公子說我不喝茶了這時候怎麼得喝點兒甚麼京的纔好呢舅太太道有我這裡有給你煮下的菉豆我自已包了幾個糉子正要給你送過去呢說着便叫老藍就端來大爺這裡吃罷老藍答應一聲便端了一碗涼菉豆一碟糉子又見那個丫頭原名素馨改名綠香的從屋裡端出一碟兒玫瑰滷子一碟兒冰花糖來都放在公子面前公子一面吃着舅太太又說吃完了再把臉擦擦這

京快了公子一時吃完擦了臉重新打扮起來舅太太道我這裡還給你留着個頑意兒呢不值得給你送去你帶了去罷說着便叫蔴香從屋裡一件件的拿出來一件是個提梁匣兒套着個玻璃罩兒又套着個錦匣打開一看裡頭原來是一座娃娃臉兒一般的整珊瑚頂子托着個碧綠的翡翠翎管兒舅太太道這兩件東西你此時雖戴不着將來總要戴的取個吉祥兒罷金玉姊妹兩個都不曾趕上見過舅公的便道這準還是舅舅個念信兒呢舅太太道噯你那舅舅何曾戴着個紅頂兒喲當了個難的乾清門轄好容易升了個等兒說這可就離得梅楞章京

快了誰知他從那麼一升就升到那頭兒去了這還是四年上纔有旨意定出官員的頂戴來那年我們太爺在廣東時候得的張姑娘道敢是老年官員都沒頂兒嗎這我可又知道了個古記兒何小姐道不然爲甚麼帽子要分個紅裡兒藍裡兒呢說着公子又看那匣兒是盤百八羅漢的桃核兒數珠兒雕的十分精巧那背墜佛頭記念也配得鮮明公子倒覺狠愛便道這盤輕巧我就換上他罷舅太太益發歡喜就盤腿坐在那裡叫過他去又叫他低了頭親自給他換上何小姐早把那個匣子打開都是些分絕好了的鑲帶荷包手巾舅太太道你們倆瞧瞧這還

是我二十年頭裡的話計如今再叫我照這麼個模樣兒做一分我可做不上來了何小姐道話則不用講了難爲娘怎麼收來着竟還好好兒的呢因合公子說道也換上罷說着不由分說便給他換上公子這纔戴上帽子謝了舅母親自拿着那個匣兒去回父母舅太太又合他說道回來我同你丈母娘請姑老爺姑太太還請你們作陪呢公子一面答應便過來把方纔得的東西都請父母看過安老夫妻自是歡喜便催着他過後邊去安太太道我叫人把那個角門兒給你們開開了倆媳婦兒都叫過去一個也該到自已祠堂裡磕個頭一個也該見見自家的

父母別只顧咱們家裡熱鬧叫人家幾女孩兒的看着寒心二人答應着帶上一羣丫頭女人又保駕的似的跟了去不一時到了何公祠戴勤宋官兒合上一班家人早在那裡伺候公子告過祭何小姐纔上前磕頭張姑娘在姐姐跟前是斷不落這個過節兒的此刻有個不隨着磕頭的嗎二人一同拜罷起來撤去祭筵關好門戶便到何小姐當日住過半天兒的那個禪堂去坐只見華嬤嬤從他家裡提了一壺開水懷裡又抱着個滷壺那隻手還掐着一硌茶盤茶盤兒進來公子道你就叫你媳婦兒幫幫不好嗎嬤嬤道要累得這麼哥哥的嬤嬤卑誠累的娘樸樣兒

兜他道可不是呢媳婦兒張羅來着媽偏偏兒的這麼們當兒甚種兒又離了賴在他媽身上只不下來我嫌他們那孩子爪子的累贅還沒我自已幹着爽利呢說着便忙着給爺奶奶倒茶你道這甚種兒又是誰前回書交代過的何小姐過門的時節那隨緣兒媳婦正是將近三個月的雙身子所以不曾進得新房屈指算到上年的甚種前後可不正該養了轉眼今年又是甚種那孩子恰好週歲兒旅是也懂得賴在他媽身上不下來了話休絮煩一時倒上茶來張姑娘道茶不茶的倒不要緊你們誰快給我袋烟吃罷說着早見柳條兒裝過煙來何小姐道喝他們

口茶給爹媽漱頭去罷這一袋烟又得半天說着站起便去接他的烟袋張姑娘笑道好姐姐等我再吃兩口一面把烟袋遞給柳條兒一面還回過頭來就他手裡抽了兩口三個人纔一同過張老那邊去到了門首他老兩口兒早迎出來原來張老因人少房多只佔了三間正房六間廂房那正房裡當中供佛一間住人一間座客當下公了夫妻進去見堂屋裡佛爺桌兒上換了簇新的黃布桌圍桿兒上的錫蠟五供兒擦得鏡亮佛前點着日夜不斷的萬年海燈佛龕兩旁一邊兒還立着一根乾稻草講究說這是自屋裡有個不潔淨處佛爺的眼目的佛桌兒前達

鋪下了個蒲墊兒老兩口兒走到那蒲墊兒跟前就站住
等着姑爺行禮你道這是個甚麽儀注原來小戶人家凡
遇着大典禮不大肯坐下受人的頭總是叫他朝着家堂
佛儘便是家裡有個孩子從散學裡下了學也得朝着佛
爺作那個揖這是比戶皆然却爲禮經所不載更兼安公
子中舉的時候是在上屋給岳父母行的禮此時如何想
得到這個規矩及至聽他岳丈說了句姑爺來到就是朝
行禮罷他纔知是該朝佛爺磕的便在那蒲墊兒上先給
泰山磕了三個頭張老也說了幾句老實吉利話兒又說
這也不枉你爺兒倆他姐兒倆受那場苦哇這都是佛天

菩薩的保佑啊公子起來又給泰水磕頭俗語說的挨金似金換玉似玉今番親家太太的談吐就與往日大不相同了只聽他說到姑爺多禮姑爺請起這可寶然的難爲你也不枉你家一場辛苦吃到底也不枉我家行下的秋風望下的雨也不枉咱兩家子這一架一娶往後來我兩口兒還愁甚麼年少柴來月少米可是人家說的老天隔不了一層紙等明兒他姐兒倆再生上個一男半女那纔是重東見喜誰也說不的這那是人情天理不想他一朝作了官親福至心靈這幾句官話兒倒誤打誤撞的說了個合折押韻那就張老讓他三個坐下便高聲叫道大舅

媽拿開壺來那個詹嫂聽得公子來了死也不敢出那個廂房門連答應都怵着答應答應一聲只叫他那孩子送了水壺來那個孩子也是發赳不肯進屋子只在屋門外叫姑爹你接進開壺去呀原來那孩子極怕張姑娘張姑娘便叫道阿巧進來他這纔赳不答的蹭進來一手提撈着水壺那隻手還把個二拇指頭擱在嘴裡叼着嗑嗑的赳笑遢遢過壺去張太太又叫他給公子請安白說了這他扭股兒糖似的可再也不肯上前兒咧何小姐道不用請安了因指着公子問他你只說這是誰罷那孩子又搖搖頭何小姐道我呢他倒認得就你你也是姐張姑娘道那

麼問着你那是誰只搖頭兒不言語偏叫你說他這纔嗚吶嗚吶的答道他是個老爺說着張老沏了茶他接過水壺去就發腳跑了張老端過茶來公子連忙站起來要接見沒茶盤兒摸了摸那茶盌又滾燙只說你老人家叫他們倒罷及至晾了晾端起來要喝無奈那茶盌是個斗口兒的蓋着蓋兒再也喝不到嘴裡無法揭開蓋兒見那茶葉泡的崗尖的待好宣騰到盌外頭來了心想這一喝准鬧一嘴茶葉因閉着嘴咂了一口不想這口稠咕嘟的釅茶咂在嘴裡比黃連汁子還苦攢着眉咽下去便放下盌倒辜負了主人一番敬客之意張老又給他姊妹送了茶

便從佛桌兒底下掏去一枝香根兒自已到屋房掏了個火來讓姑奶奶抽煙兒柳條兒這裡給張姑娘裝烟戴嬤嬤便張羅給親家太太裝烟親家太太抽着烟兒何小妞就問道媽你老人家今兒個吃的這個烟怎麼不像那老葉子烟兒味兒了張太太道可說呢都是你那舅太太呀我到了他屋裡他就鬧着不與我吃我的烟只叫吃他的咱兒個他又買了十斤渣頭送我我吃着倒怪香兒的呢就只不禁吃一會子又怪燎嘴的大是吃慣了也就好了當下賓主酬酢禮成公子纔致謝了岳父母的迎接誇官的盛意他老兩口兒也謙不中禮的謙了兩句公子便要

告辭過前頭去何小姐因問張太太說媽不是回來還同舅母請公婆吃飯呢麼爲甚麼不趁早角門兒開着一塊兒走呢省得同來又遶了遠兒張太太便道使得說着用倆指頭攙滅了那根香火又叫道大舅媽我不來家吃飯了晚飯少打半盌米罷說罷便一同過這邊來到了上房安老爺正合安太太舅太太在那裡長篇大論談得高興見公子來了便要帽子褂子待要穿戴好了親自帶他出去拜謝他的業師程老夫子正說着人回程師老爺穿了公服過來了現在腰房裡候着說一定要進來登堂給老爺太太賀喜列公你道這位程老夫子從那裡說起又穿

趙公脈來原來他當日本是個出了貢的候選教官因選補無期家裡又待不住便帶了兒子來京想找個館地恰值那年安老爺用了榜下知縣要上淮安又打算叫公子留京鄉試正愁沒個人照料他課讀見程師爺來了他自已幼年同過應的一位世兄便請他在家下榻那程師爺見修饌不菲人地相宜竟强似作個老教去喫那鑑豆腐飯因此一住四個年頭賓主處得十分合式安老爺又是位崇師重道的平日每逢家裡有個正是必請師老爺過來同諸親友一體應酬從不肯存那通稱本寓教書匠到處都能僱得來的淺見因此此師老爺也就居移氣養移體

起來置了一頂鴨蛋青八絲羅胎平鼓翟家時樣緯帽買了一副自來舊的八品鵪鶉補子一雙腦滿頭肥的轉底皂靴這日欣逢學生點了探花正是空前絕後的第一樁得意事所以纔紗其帽而圓其領的過來定要登堂道賀安老爺因自已還沒得帶兒子過去叩謝先生先生倒過來了一時心裡老大的不安說道這個怎麽敢當低頭爲難了半日便合太太說道這樣罷既是先生這等多禮倒不可不讓進上房來莫如太太也見見他我夫妻就當面叫玉格在上房給他行個禮倒顯得是一番親近恭敬之意太太也以爲很是卻說安老爺家向來最是內外嚴肅

外面雜人非奉傳喚等閑不太中堂在上屋伺候的祗是一班僕婦丫鬟此外只有茶房兒老尤的那個九歲的孩子麻花兒在上屋裡聽叫兒當下衆人聽得師老爺要進來一個個忙着整坐位預備掀簾子安太太一班內眷帶丫衆丫鬟都到東裡間暫避其餘的老婆兒小媳婦子們都在靠西一帶遠遠的伺候着此時替那個長姐兒計算他自然也該跟了太太進裡間去纔是無如他心裡另有他一樁心事你道為何原來他自從去年公子鄉試頭場出來打發戴勤回家請安的那天他聽戴勤回老爺話說了句師老爺說大爺准中落後見大爺果然中了不算外

並且一直中到探花了他心裡便着實的感佩這位師老爺難得今日這個機會他便不進屋子合那班僕婦站在外間想瞻仰瞻仰這位師老爺是怎的個老神仙樣子只聽老爺先吩咐人預備開正門又道就請師老爺罷家人答應出去老爺早帶了公子迎到二門台堦下候着此時長姐兒心裡打着這位師老爺連我們大爺都教得起縱然不能照戲上扮的劉備老爺的那位諸葛軍師那麼個氣派兒橫豎也有書上說的岳老爺的那位教師周先生那麼個光景兒掉在地下也不至於像春香兒鬧學上的陳最良只不錯眼珠兒從玻璃裡向二門望着只見二門

但見外面家人從二門旁邊跑進來回了一聲說師老爺進來了緊接着吱嘍嘍屏門大開就請進那位師老爺來他一瞧先有幾分不滿意原來那位師老爺生得來雖不必子告之曰某在斯某在斯那雙眼睛也就幾乎覷而不見雖不到得鞠躬如也那具腰也就帶些屈而不伸半截眞攙假的小辮兒搭在肩頭好一似風裡垂楊飄細細一片銀鍍金的濃鬍子繞來滿口不亞如溪邊茅草亂蓬蓬穿一件本色程鄉繭單袍子套一件茄合色羽紗單褂子他自己趕着這件東西却叫作羽毛外套那件外套上便釘着那副自來舊的補子又因省了兩文手工錢不會交

給裁縫只叫他那個館僮給釘的以致釘得一片齊着二道袢紐兒一片齊着三道袢紐兒便是朱夫子見了也得給也註明說此錯簡當在第三道袢紐兒之上他看了看似乎合褻裘長短右袂的本義也還說得通就那要言其上下察也的套在身上頭上只管是明幌幌一頂金筒大王般的緯帽那帽襻兒從戴上便放之則彌六合的來了腳下那雙皂靴底兒上的泥只管膩抹了個漆黑銛兒上倒是白臉兒扯光的一層塵土糊然考較不出他是那年買的大約從上腳那天直到今日自來也不曾撣撣刷刷去其舊染之污而自新長姐兒仔細一看回頭合隨緣兒

媳婦說道這是怎麽話說呢一個人就砢磣也得砢磣出個樣兒來呀難爲倘們大爺怎麽合他一個屋裡混點來着這個當兒裡間兒的內眷也在那裡遠遠兒的從玻璃裡望外看舅太太一見先就說道敢則這是姑老爺天天兒叫得還心的他那位程大哥呀這還用滿到是處找着瞧海裡那去嗎張太太只剛咱兒了金玉姊妹合丫頭們已經笑不可仰便是安太太那等厚道人也就掌不住要笑只合舅太太擺手兒說你悄悄兒的看人家聽見說着大家又望外看只見他從二門屏風合堦兒上一步步用腳試着擦拉下來到了平地一副精神早已貫注到上屋

跟前却不曾留心旁邊兒還有個主人在那裡迎接呢安老爺只得迎了兩步把手一拱叫道大哥我這裡正要帶小兒到館謁誠叩謝倒勞吾兄枉道先施請屋裡坐他聽了纔連點頭兒帶哈腰兒嘴裡嘁嘁測測一陣有聲無詞不甚可辨大約說的是豈敢豈敢却又沒個裡兒表兒你道這是甚麼原故原來漢禮到了人家禮無論親友長幼或從近處來或從遠方來或是久違或是長見以至無論慶賀弔慰在院子了兒主人從不開口說話慢請請安拉手兒了當下他只嘁測了那一陣便奔了上房來兩旁伺候的兩個女人忙把簾子高捲起來伺候安老爺進來了

這個當兒裡間兒的女眷都過隔扇跟前來隔着那樹隔扇紗望外瞧只見他一進門不說長不道短便舉手擎天毛腰拖地的朝上就是一躬這一躬打下去且不直起腰來却把兩隻手奏在一處就着地兒拱送嘴裡還說道恭喜恭喜叩叩叩叩叩叩大家一看這可是個希希罕兒都在那裡納悶兒安老爺懂得這個說了句豈敢連忙趕過去合他膀子靠膀子的也那麽鬧了一陣口裡却說的是還叩還叩這叩講究這叫作賓請拜主人辭賓再請拜主人再辭三讓三辭然後相揖而退是個大禮安老爺合他彼此作過揖便說道驥兒承老夫子的春風化雨遂令小

子成名不惟身受者頂感終身卽愚夫婦也銘佩無旣只聽他打着一口的常州鄉談道底樣臥底樣臥論這位師老爺平日不是不會撇着京腔說幾句官話不然怎麼連鄧九公那麼個粗豪不過的老頭兒都會說道他有說有笑的合他說得來呢此時他大約是一來乾持過當二來快活非常不知不覺的鄉談就出來了只是他這兩句話除了安老爺滿屋裡竟沒有第二個人懂原來他說的這底樣臥底樣臥六個字底字就作何字講底樣何樣也猶云何等也那個臥字是個話字如同官話說甚麼話甚麼[illegible]兩句[illegible]謙之詞也他說了這兩句

便撇着京腔說道顧道味胙作頁弓滋之子必鴨學爲萸頁雅治滋之子必雅學爲裘顧這都四是老先桑生絡的頂庭訓雍兒弟哦何功滋之有傘慚快愧傘慚快愧嫂夫吶銀二字切音台讀盡人字也面前雖也寢請互互貿賀老爺與吩咐公子請你母親出來幸虧是安太太素來那等大方纔能見怪不怪出來合他相見便忍了笑扶了兒子出來從舜南一帶繞到下首纔待說話只聽他那裡問答老爺道顧這個秀就四是嫂夫吶銀人原來大凡大江以南的朋友見了人是個見過的必先叫一聲沒見過的必先問問這個可是某人不是安老爺見問忙答道正是山荆求見他

這一肅整威儀鄉談又來了說道顧這四是要頂庭燎条格的庭叅者行大禮也說着只見他背過臉兒去倒把脊梁朝着安太太向北又是一躬慌得安老爺還揖不迭連說代還禮代還禮安太太此時要還他個萬福罷旗裝漢禮既兩不對賬待摸着頭把兒還他個旗禮又怕他不懂更弄糟了想了想左右他在廳裡望着影壁作揖索與不還他禮等他轉過臉來纔說道師老爺多禮我們玉格這麼個糊塗孩子多虧師老爺費心成全了他一總再給師老爺道謝罷他只低了頭紅了臉一時無話安老爺便讓道狀哥請坐待愚夫婦教小兒當堂叩謝他又道底様欵

麻樸臥公子早滑來站端正了向他拜了四拜他又答了兩揖等公子起來他纔笑呵呵的說道四世雍兄恭喜恭喜武我哈台你襪外湟日呢叫胙作日石吶恩二字切音合讀能也攻虐玉今湟日直頭叫胙作靚青測出於藍哉阿拉阿拉者可是如此之詞排開之意也老爺又向他打了一躬說道此夫子自道也攺日還當謁誠奉請列公你看這位安老先生也算得待先生其如此恭且敬也了誰想他自已心裡猶以為未足還要叫太太帶兩個媳婦來拜見老夫子太太却有些不願意了只得說道我纔打發他們倆到佛堂裡撤供焚錢糧去了得會子過來呢怎麼好倒勞師老爺儘着等他們

呢先請坐下改日再叫媳婦兒拜見罷安老爺見如此說這纔罷了太太一面叫人倒茶一面自已也就進了裡間舅舅太太迎着笑說姑太太你怎是個好人直算救了倆媳婦兒一場大難拔下這裡却說安老爺見一切禮成總讓師老爺歸坐請升了冠一時倒上茶來老爺見給他倒的也是盌普洱茶早料到這椿東西師老爺一定是某未達不敢嘗忙說師老爺向來不喝茶你們快換盌白湯來罷僕婦們連忙換上蘿湯來那等熱天他會把個滾開的蘿湯唏嚕下去竟不怎的不算外喝完了還把那兜菜撈起來嗰在嘴裡嚼了嚼嚥的一口唾在當地旁邊一個

婆兒連忙來撿看了看不好下手便從袖口兒裡掏了張手紙疊了四摺兒把那塊薑揑出去安老爺這纔合他彼此暢談只這一談師老爺一陣大說大笑長姐兒又留神瞧見他那一嘴零落不全的牙了敢只是一層黃牙板子按着牙縫兒還漬着許多深藍淺綠的東西倒彷彿含着一嘴的鍍金點翠長姐兒合梁材家的縐着眉說梁嬸兒你回來可好歹好歹把那個茶盌拿開罷這可不是件事說着只惡心得他回過頭去向旮旯兒裡吐了一口清水唾沫這個當兒又聽老爺叫取師老師的烟袋荷包去當下兩三個僕婦答應一聲便叫那個小小子兒蔴花兒去

取大家都在廊下等着一時蘇花兒取進來衆人一看那個藍布口袋先惡心了一陣且不必問他是怎的個式樣就講那上頭的油泥假如給了剃頭的便是使熟了的絕好一條槓刀布却又合他那根安着猴兒頭烟袋鍋兒黃白加黑氷裂紋兒的象牙烟袋嘴兒顫巍巍的毛竹烟管兩下裡身着這件東西說書的要不費些考据註疏工夫解出來聽書的可就更聽不明白了請問烟袋鍋兒怎麽叫作猴兒頭呢列公你只看那猴兒無論行住坐卧他總把個腦袋扎在胸坎子上倒把脖兒拱起來然則這文與猴兒頭烟袋鍋兒何干原來凡是師老爺吃烟不大講

得從烟袋荷包裡望外裝都是從那個口袋裡揑出一撮子來塞在烟袋鍋兒裡及至點着了吃完了他可又不大懂得往地下磕都是一撒嘴兒順着手兒把那烟袋鍋兒往地下一墩那鍋兒裡的烟灰墩的乾淨也是這一墩墩不乾淨也是這一墩假如墩不乾淨囘來再裝那半鍋兒烟灰可就絮在生烟底下了越絮越厚莫講辰年到卯年便一直到他蓋棺論定也休想他把那烟袋鍋兒挖一挖爲甚麽他一天到晚烟只管吃得最勤却也吃得最省請教一個烟袋鍋兒有多大力量照這等墩來墩去有個不把腦袋墩得傴僂囘來成了猴兒頭模樣兒的嗎此他那

個烟袋鍋兒之所以名猴兒頭也那個象牙烟袋嘴兒又怎麽是黃白加黑冰裂紋兒的呢這就得曉得馴象所麗然一物的那個大象了象這種畜生他那張嘴除了水穀草三樣之外不進別的髒東西所以象牙性最喜潔只要着點惡氣味他就裂了沾點臭汁水兒他就黃了怎禁得起師老爺那張嘴不時價的把他刁在嘴裡呢何況遇着赴席喝着酒還要嘴袋烟嘴裡再偶然有些倒不過窖來的東西漬在牙牀子嘴唇子的兩夾間兒不論魚肉菜蔬乾鮮乳蜜都要借重這個象牙烟袋嘴兒去掏他及至掏出來放在眼底看看依然還要放在嘴裡咂咂咽下去那

個雪白的象牙合他那嘴牙是兩個先天怎的會不弄到半截子焦黃裂成個十字八道出又他那個象牙烟袋嘴兒之所以成了黃白加黑的氷裂紋兒也然則了烟袋桿兒又怎的會顫巍巍呢大凡毛竹都是一頭兒粗一頭兒細師老爺那根烟袋足夠營造尺五尺餘長一個粗頭細尾的竹竿兒那頭兒再贅上一個漬滿了烟灰的猴兒頭有個不發顫的麽此又顫巍巍之所以然也當下衆人看了這兩件東西一個個跐牙裂嘴掩鼻攢眉誰也不肯給他裝那袋烟便叫蘇花兒裝好了拿進香火去請他自已點師老爺吃上這袋烟越發談得高興了道是今年的會

墨那篇逼眞大家那篇當行出色他的同鄉怎的中了兩個一個正是他的同案一個又是他的表兄只顧這陣談可把袋烟就擱滅了滅了他竟自不知還在那裡閉着嘴只管從嗓子裡使着勁兒緊抽這個當兒呼嚕呼嚕早灌了一筩子唾沫了老爺見師老爺的烟滅了將要叫人拿香火恰巧那個蔴花兒一時不在跟前一回頭正看見長姐兒站在那邊安老爺是一生忠厚待人從不曉得甚麼叫作鬧脾氣嫌人髒笑人怯便叫長姐兒道你過來把師老爺的煙點點這一下子可要了他的小命兒了登時急得他臉皮兒火熱手尖兒冰凉料想沒地縫兒可鑽只得

拿過香盤子來還想閃展騰挪開個握着耳朵放炮仗畢撒手兒去點怎當得師老爺手裡的烟袋也顛他手裡的盤香也顛兩下裡顫兒哆嗦再也弄不到一塊兒老爺看了說道我不會吃烟也罷了怎的你給人點烟都不在行呢你把那隻手拿住烟袋就好點了哇老爺如此一指點他這纔叉鋼裡擲骰子没跑兒了萬分無奈只得鼻子裡閉着氣嘴裡吹着氣只用兩個指頭揑着那烟袋桿兒去點偏生那油絲子煙又潮這個當兒師老爺還騰出嘴來向地下呱咕吐了一口唾沫良久良久纔點着了他此時便像放了郊天大赦一般忙鬆了那根煙袋把身子一扭

一掀簾子出了門兒扔下香盤子一溜烟望後就跑舅太太只從玻璃裡指着他暗笑他也不會留心梗梗着個脖子如飛而去這裡師老爺吃完那袋烟纔戴上帽子要走安老爺主人情重見師老爺那根帽襻兒實在脫落得不像了想着衣冠不整也是朋友之過便說大哥莫忙把帽襻兒扣好了他從諫如流連忙伸了一把漬滿了泥的長指甲也想把那扣兒擄上去只是漢漚透了的東西又輕易不活動他那來回扣兒怎得還能上下自如些微使了點勁兒吧兩截兒了安老爺着實不安他倒坦然無事的雙手扶了帽子一隻手揪着那根折帽襻兒嘴裡還說

道寢寢寢也寢言纔告辭而去這麼個當兒偏偏兒的安老爺養活的那個小哈吧狗兒從後院兒裡跑過來見了師老爺是前撩後跳撲着他咬當下安老爺依然叫人開了屏風親自送到腰房纔回又叫公子跟到書房給師傅謝步裡頭的女人們便趕緊拿鋸末子守地了頭們又拿了個手爐燒了塊炭抓了一把嗬吧香燒着梁材家的早把那個茶盤拿去洗了又洗叩在後院兒裡花棵兒底下正忙着安老爺進來問道怎的客走了忽然倒掃地焚香起來安太太只得含糊道親家合大姐姐回來借偺們的地方兒作主人難道也不給人家打掃打掃地面麼安老爺

到也信以爲實舅太太彆不住早嚷起來了說道姑老爺要說你眞瞧不出你那位程大哥那個腦袋合他那身打扮兒的惡心來我就再不信了安老爺道阿𢙢的這等娃娃氣陶面削瓜尹軀植鰭姬手反掌孔頂若圩究竟何場盛得舅太太道是哟難道他那件褂子上的補子也該那麼跳着格磴兒釘的嗎安老爺道我倒請教怎的叫作個士志於道你們那裡曉得他那個人誠篤長厚的可敬一面說着一面摘帽子脫褂子安太太便呌長姐兒來收衣裳那知長姐兒此時的忙如何顧得到此你道他在那裡作甚麽原來他從方纔點了那袋烟跑到後頭去尾子也

不曾進就蹲在那台堦兒上扎煞着兩隻手叫小丫頭子舀了盆凉水來先給他左一和右一和的往手上澆瀼了半日纔換了熱水來自已擦了又擦洗了又洗搓了陣香肥皂香豆麵子又使了些個桂花胰子玫瑰胰子心病難醫自已洗一回又叫人聞一回總疑心手上還有那股子氣息他自已却又不肯聞直洗到太太打發人叫他纔忙忙的擦乾了手上來綳着個臉兒只道這件事屋裡不曾留神不想纔一進門兒舅太太便慪他道長姐兒呀好漂亮差使啊太太也不禁笑道該那都是他素日乾淨拐孤出來的舅太太又道只恨我方纔出不去我要在跟前必

攛掇你們老爺叫你把那袋烟抽着了再遞給他這一幅把個長姐兒羞的幾乎不曾掉下眼淚來何小姐笑道娘何苦呢便催着他給老爺收衣裳帽子去了安老爺道你大家此等見解尤其可笑夫所謂西子蒙不潔者非以其蓬頭垢面也是責備他既受越王重托便該終身報越既受吳王深恩何得匿怨事吳到頭來既爲惡已甚爲善不終却又辜負了兩家轉暗地裡墮了他苎蘿初會的那個大夫范蠡閒泛五湖去了這等的穢德彰聞焉得不人皆掩鼻所以下文便說雖有惡人齊戒沐浴則可以祀上帝合起來講這章書的大旨講得是凡人外質雖美內視自

惟終不免於惡多端作惡一念自修便可與爲善那程老夫子便算欠些修飾何至就惹得你大家掩鼻而過之起來舅太太聽了這話真耐不得了站起來問着安老爺道姑老爺你這麼着你這會子再把你那位程大哥叫進來你就當着我們大家夥兒拿起他那根烟袋來親自給他裝袋烟我就服了你了安老爺聽了沒得說只搖着頭笑向公子道是故惡夫佞者列公聽這段書切莫道怪那燕北閑人也切莫笑那程老夫子這班朋友其實君子未有不如此並且還不止於此他一樣有眼根却從來不解五色六章何爲好看何爲不好看一樣有耳根却從來不解

五聲六律孰爲好聽孰爲不好聽鼻之於嗅也除了吃一口腥魚湯他叫作透鮮其餘香臭羶臊皆所未經的活潑之地口之於味也除了包一團酸餡子他自鳴得意其餘甜鹹苦辣皆所未嘗的混沌之天至於心却是動輒守着至誠須臾不離聖道所以世上惟這等人爲得天獨厚也惟這等人爲受福無窮只是這位程師老爺看他從前到吏部給安老爺打聽公事以至近日公子鍊場那天他在書房陪安老爺下棋一切舉動言談也還不到得這等腐臭何以今日一朝動則變變則化就變化到如此許不云乎夫物之不齊物之情也又云砧刀各用蓋上房爲燕居

[illegible]館爺在二門以外自安老爺以至公子是臭味與之俱化師爺到了二門以內自安太太以至媼婢是耳目爲之一新何况師爺之爲師爺又未免有些遷乎其地而弗能爲良怎的會不弄到如此這是個至理不足爲怪不然七十二候縱說萬類不齊那禮家記事者何以就敢毅然斷爲爵入大水爲蛤哉此格物之所以難也閒話少說却說安公子自進門起不曾得閒直到此時諸事完畢纔得回到自己房中歇息了片刻因惦着晚飯是舅母岳母移樽就叫給他父母賀喜他夫妻三個也不及長談便各各脫去禮服換上常衣仍到上屋來伺候

舅太太見他姊妹兩個過來笑道二位姑奶奶來得正好今日請客偺們娘兒們是借人家的地方兒就趁早兒張羅起來罷安老爺早攔道怎的認真返客爲主起來舅太太道咻今兒個偺們得分淸楚了你們爺兒三個是客我們娘兒四個是東家你們帶着你們的兒子等着吃我們各人帶着我們各人的女孩兒張羅我們的不用姑老爺管回來還帶是讓你們爺兒三個上坐我們娘兒四個陪着我們就是這麼個糙禮兒姑老爺愛依不依不你就别吃還跟了你那塊大哥吃去安老爺那裡肯依還只管謙讓安太太說道老爺我看偺們竟由着大姐姐合親家太

麼說怎麼好罷你合他讓會子也是攪不過他安老爺消我倒從不曾見賓之初筵是這等的温温其恭法竟沒奈他何舅太太也不來再讓早同張太太帶着金玉姊妹調停起坐位來便在那上房堂屋裡對面放了兩張桌子中間止留一個放菜的地方把安老夫妻的坐位安在東席面西他同張太太在西席面東相陪公子合金玉姊妹兩個分兩席打横侍坐當下擺上菓子大家讓坐張太太合舅太太道偺倆倒底也得給他老公母倆斟個盅兒哪舅太太道你老那小醬王瓜兒似的兩把指頭真個的還要鬧個雙雙手兒捧玉盅嗎依我說這個禮兒倒脫了俗罷

安太太也攔道那可使不得依我說今日這席酒你二位都是爲玉格費心竟罰他斟罷舅太太也道有理當下公子擎盃金玉姊妹執壺按座送了酒他三個纔告座入席安老夫妻此刻看了看兒子是已經登第成名媳婦又善於持家理紀家裡更有這等樂親戚情話的一位舅太太講耕織農桑的一雙親家時常破悶幫忙好不暢快一面喝着酒大家提了些巳往論了些將來安老爺這裡只管酒到盃乾却見公子只端了盃酒在那裡虛作陪飲老爺便吩咐道家庭歡聚不必這等兢持你只管照常喝公子纔應着拿起酒來唇邊抿了一抿却又放下了安老爺問

道想是酒凉了只見公子欠身回說酒倒不凉近來總沒大喝酒了老爺道爲甚麽你的酒量也還喝得再者我向來又准你喝酒爲甚麽忽然不喝了公子見問無法只得推說因一向在書房裡讀書怕躭擱了工夫所以戒了除了赴宴那天領了三杯瓊林酒其餘各處宴會也不曾喝老爺大笑道我只曉得個發憤忘食倒不曾見你這發憤忘飲並不是我自己愛吃兩盃酒一定也要捉住兒子吃酒豈不見鄉黨一章我夫子講到食品便有許多不食的道理逢着酒塲則曰惟酒無量夫無量者一斗亦醉一石亦醉之謂也祗不過不及亂耳你看我夫子一生是何等

學不厭教不倦的工夫比你這區區取科第何如又何嘗聽得他幾時戒過酒況且今日舅母合你岳母這一席正爲我二老的教子成名你的顯親揚志而設正是你菽水承歡之日非僅僅聽命之日也因回頭道太太叫人取個大盃來你我今日就借二位親家這席給他開酒這話且按下不表却說金玉姊妹兩個自從前年賞菊小宴那天惟了閨房一席閒話惹得公子賭了個中舉中進士的誓要摔那瑪瑙盃幸喜那盃不曾摔得他却從那日起滴酒不聞兩個心裡正有些過意不去不想今日之下竟被他說到那裡應道那裡一年半的工夫果然鄉會連捷並且

探花及第衣錦榮歸了兩個十分意不過去之中又加了一層喜出望外此時覺得盼人家開酒的心比當日勸人家戒酒的心還加幾倍因此從前幾日姊妹兩個便私下商量定了要等他回家的第一晚便在自己屋裡備個小酌給這位新探花郎賀喜開酒却也未常不慮到人家的氣長自己的嘴短得受人家幾句俏皮話兒一番討人嫌的神情兒恰巧今日舅太太先湊了這等一席慶成宴料着他一定興會淋漓的快飲幾盃這場酒官司可就算明修棧道暗度陳倉的打過去了晚間洗盞更酌便省却無窮的宛轉不想公子從此時起便推托不飲倒惹得老人

家追問起來正愁他不好登答忽然聽得公婆要給他開酒兩個太喜答應一聲便連忙站起來過去覓盞尋匣想要湊這個趣兒只見公子向他姊妹說道你兩個叫人把我書閣兒上那個瑪瑙盃取來他兩個一聽公子指名要那個瑪瑙盃心裡早料着他必有些作用便想到當日開菊宴那天的情節雖是夫妻的一片至性真情只是自己詞氣之間也未免覺得欠些圓通失至孟浪倘然他一時高興在公婆面前盡情說出來倒不當穩便却又不好攔他只得叫人去取那個盃子兩個人四隻眼睛却不住的瞧瞧公子又瞅瞅公婆那知安公子毫無成見倒是無拘

閑人在那裡打算要歸結他第三十回開菊宴雙美激新郎的那篇文章呢閑話少說却說一時取了那個瑪瑙盃來安太太看見先說道你瞧瞧不喝就不喝喝起來就得使這麽個大盅子我只說還是愛喝酒公子陪笑道今日使這個盅子却不爲喝酒有個原故在裡頭且回明白了父母這個原故再領這盅酒他這個話不但張太太摸不着舅太太猜不透便是安太太也不知他究竟有個甚麽原故大家只獃着頦兒聽他說只見安老爺側着頭撚着鬚的向他問道却是怎的個原故便聽公子回道今日所以要用這個大杯一因是父母吩咐開酒二因當日戒酒

是向這個杯上戒的所以今日開酒還向這個杯上開三則當日戒酒的原故也不專爲着用功而起老爺道又爲着何來呢公子道說起來原是兒子媳婦們三個人一時的孩子氣不想湊到今日這個機會覺得這樁事暗中竟有個道理在裡頭安老爺此時喝得十分高興聽了這話便合太太說道太太你聽原來他們作探花的喝盃酒都有如許大的講究太太聽老爺這等說更是歡喜便笑道你快說罷不用文謅謅的儘着慪膩人了公子這纔把他前年給他岳父母開齋那天怎的除備飯之外又備了席酒聽的見岳父母不用自己便一時高興要同了兩個媳

婦賞菊小飲始而金鳳媳婦怎的攛他吃酒後來玉鳳媳婦怎的釀成他吃酒却又借着行那名花旨酒美人的酒令各下了一篇規勸他怎的一時性起便合兩個媳婦賭誓要摔這個瑪瑙酒杯落後怎的不曾摔得便從那口戒了酒一直到今日不曾喝一層層不瞞一字回了父母一徧安太太聽了先道我的話再不錯不是老爺可記得老爺給他定功課的那天我說這也不知是他自己弊出這股子横勁來了也不知是倆媳婦兒把個懶驢子逼的上了磨了聽聽果然應了我的話了不是老爺道且慢他這話還不曾講得明白因問着公子道就便如此如今你與

人也中了進士也中了翰林也點了清碧堂也進了並且玉堂金馬巍巍乎一甲三名的探花及第也就儘是了何以方纔還不肯喝那盅酒然則你這盅酒直要戒到幾時纔開公子將要回答臉上却又有些赸赸兒的說道句話却不敢說老爺道怎的忽然又有個不敢起來公子原覺他要說的那句話有些不好開口無如他此時是滿懷的遂心快意滿臉的吐氣揚眉話擠話不由得衝口而出說道意思直要等兩個媳婦作了夫人那時叫他兩個雙手接過那軸五花官誥去纔算行完了他兩個那名花美酒美人酬令那時請教他兩個我這酒究竟喝得起喝不起

再開這杯酒安太太不等老爺說話便啐了一口道呸不害臊這還不虧了人家倆媳婦兒呀還有那德呼合人家賭氣呢就狂狂的你這麽着別扯他娘的臊了安太太這話纔叫作打是疼罵是愛早見老爺一副正經面孔說道住着太太這話也欠些平允這不是舅太太親家太太兒子媳婦以至了頭女人們都在此聽我從公評斷他夫妻三個這段情節就面子上聽去小子自然要算忍性上欠些把持媳婦自然要算用情上欠些宛轉似乎都有些不是然而不然說道這裡便舉起右手來伸着兩個指頭望空畫着圈兒說道我以爲皆是也人情在世第一樁事便

是倫常倫常之間沒兩件事只問性情這其間君臣父子兄弟朋友都好處惟有夫婦一倫最不好處若比就君禮臣忠父慈子孝兄愛弟敬夫義婦順以至朋友先施的大道理講起來凡有血氣者都該曉得的又何以見得夫婦一倫的難處呢殊不知君臣以義合君有過不可無廷諍之臣諍而不聽合則留不合則去此吾夫子所以接淅而行不脫冕而行也父子爲天親親有過不可無婉諫之子諫之不從又敬不違勞而不怨此大舜所以祗載見瞽瞍瞽瞍底豫而天下之爲父子者定也兄弟諍在交勉本於可順所以說其兄關弓而射之則已垂涕泣而道之朋友

道有責善可以擇交所以說朋友數斯疏矣至於夫妻之間以情合不以義合係人道不係天親嫁娶多在二十後不比兄弟相聚一生起居同在咫尺間不比朋友相遠兩地性情過深期望未免過切偶見夫婿有些差處就不免有一番箴規勸勉只這箴規勸勉上又得自已講得出來又得夫子聽得進去這是權性情相感的勾當只此已就大不容易處了不料我家兩個媳婦竟認得進玉格的性情預存沉潛剛克一片深心果然激成個夫榮妻貴玉格又解得出他兩個的性情不失高明柔刻一番定力果然作得個水到渠成這纔不媿是我安水心老夫妻的佳兒

佳婦至於玉格方纔說因兩個媳婦說了那句美人可得作夫人的令便一定要等作成他個夫人然後再開這杯酒那便叫作意氣用事不是性情相關其中便有些嫌隙了君子之道造端乎夫婦過猶不及非孔門心法也切切不可來來來兩個媳婦你兩個便在我二老面前親執壺盞敬你夫婿一杯算下些氣然後玉格再公酬兩個媳婦一杯算取個和這不但算你三人閨閣中一段快談還要算我家庭間一樁盛事語有云清官難斷家務事你大家看這場酒公案只我這等一個被叅開復的候補老縣令判得何如說罷哈哈大笑當下安太太聽了先樂得連聲

舅姆說到底是老爺說的明白舅太太那邊也[illegible]都像後半截這幾句話誰還敢不服可見不用請出孔夫子來事兒也弄清楚了張太太也道說的是僧呢這還金玉姊妹聽了公婆這番吩咐好不歡欣鼓舞當下他姊妹便隨着公子先奉了父母的酒又斟了舅太太張太太的酒然後二人纔一個擎着那個大瑪瑙杯一個執壺滿滿斟了一杯送到公子跟前公子大馬金刀兒坐着受了那杯酒然後纔站起來陪着父母一飲而盡那個長姐兒早上來接過杯去用溫水過了拿來放在二位奶奶面前公子便遵着父親的話執壺過去給他姊妹斟了一杯他兩

個倒恭恭敬敬的也學婆婆那個樣兒站在一旁攙着燕尾兒行了個旗禮你道怪不怪只這麽個兩不對兒的禮兒竟會被他兩個行了個滿得樣兒把個舅太太樂的笑說叫人瞧着好舒服你們來給我換盅熱的今兒就醉了也是受用的公子聽了忙親自過去給舅母岳母又斟了一巡自己又用小杯陪了一杯重新歸坐便讓金玉姊妹乾那杯酒二人只在那裡笑容滿面的對瞅着爲難太太探頭瞧了瞧纔看見公子給他兩個斟的那杯酒原來斟了個流天澈地只差不會淋出個尖兒裝出個圈兒來便望着公子道瞧瞧你這孩子兒他們倆那兒喝的了這些

敢不遵只是他兩個這盅酒似乎不好求人代飲安太太是天生的疼媳婦兒的便道惹氣這就算人家求着你了不用你我有了主意了我們這兒有個絕頂碑子呢說着便叫我的長姐兒呢你來拿個大些兒的盅子來替你兩位大奶奶喝一半兒去却說那個長姐兒看着兩位奶奶合大爺這番酬酢交錯心裡明知神仙不是凡人作却又不能沒個夢到神仙夢也甜的非非想正在十分爲難忽聽太太這一吩咐樂得他從丹田裡提着小工調兒嗓子答應了一聲嗻連忙去找盅子太太道不用我去了你就

等着揀你二位大奶奶個福底兒罷當下金玉姊妹每人喝了約莫也有一小盅酒那杯裡還有大半杯在裡頭便遞給長姐兒他拿起來一彆氣就喝了個酒乾無滴還向着太太照了照杯樂得給太太磕了個頭又給二位奶奶請了個安太太合公子道我們也乾了也值得你那麽拿糖作醋的公子此時倒沒得說那長姐兒臉上那番得意他直覺得不但月裡的嫦娥海上的蘇姑沒夢見過這麽個樂兒就連那虞姬跟着黑鍋底似的霸王貂蟬跟着個一雙油似的董卓以至小蠻樊素兩個空風雅了會子也不過一樹梨花壓海棠一般的跟着白香山那麽個老頭

子挪都算他們作寬晚閒話少說却說公子合金玉姊妹都歸了座眾丫鬟換上門面盃來正要撤那個瑪瑙盃老爺道拿來因接在手裡合公子道這件東西竟成了一段佳話不可無幾句題跋以誌其盛公子聽了樂的手舞足蹈便道兒子空喜歡了會子竟不曾想到父親吩咐必應如此老爺說既這樣你就作幾句銘來章不限句句不限字却限你即席立成我要見識見識你們這翰林班是怎的個通法公子此時一團興致覺得這事倚馬可待那知一想纔覺長篇既牘不合體裁三言五語包括不住一時竟大爲起難來老爺道七步八叉具有成例古人擊鉢催

詩我要擊缽了說着便拏筷子向燈盤兒上噹的敲了一下公子心裡益發忙起來好容易等了兩句默誦了默誦覺得又像詩文又像試帖無法只得從實說道從來不曾弄過這個敢是竟不容易老爺擎盃大笑道原來鼎甲的本領也只如此還是我這個殿在三甲的榜下知縣來替你獻醜罷因笑道這一路筆墨只眼前幾句經書便取之不盡還用這等搜索枯腸去想因口誦道

涅而不緇　　磨而不磷

以誌吾過　　且旌善人

公子連忙取了紙筆恭楷寫出來請老爺看過又帶給太

太翡金玉妹妹也凑過來看他自己又重新捧在手裡讀了兩遍見只寥寥十六個字的成句人也有了物也有了人將拜而終底成功也有了物未毀而且臻圓滿也有了他此時心裡早想到等消停了必得找倆好鐫工把這個句銘詞鐫在盃上再鐫上他那個伴辦主人的雅號想到這裡正在得意又聽他母親說道你爺兒倆今日這幾句文兒連我聽着都懂得了依我說這個盃的名兒還不大好瑪瑙瑪瑙的怎麼怪得把我們這個没籠頭的野馬給惹惱了呢莫如給他起個名兒叫他合歡盃我還有個主意老爺合大姐姐親家白聽聽好不好可不是我竟偏着

我的媳婦兒如今把這件東西竟賞了金鳳媳婦兒這倆人一個有圓硯台一個有張弓他再有了這個合歡盃可不三個人都有點故事兒了嗎大家聽了都說想得好老爺也連呼通極通極他小夫妻的歡喜更不消說當下三個一齊謝過父母再不想只安太太一句閒話又把這兒女英雄傳給穿插了個五花八門面面都到列公你道這個因由從那裡來卻從張太太吃白齋而來纔得圓成了這個合歡盃聯合上那兩件雕弓寶硯演出這過半的人情天理文章未完的兒女英雄公案列公不信只把二十一回至第二十七回這十七卷評話逐層想去始信佛說寄

說先生慢勿道因爲兩句話畢竟不是空談燕北閒人這部正法眼藏五十三參果然不着閒筆也話休煩絮却說那日雖是個家庭小宴安老爺却喝得一片精神十分入會題了那四句銘詞之後又提起公子侍飲了幾杯纔說道志不可滿樂不可極我們大家吃飯能一時撤酒添飯闔府放能散坐閒談了幾句張太太便告辭回家安老夫妻又向他二位道了奉攪舅太太也回了西院他小夫妻三個伺候父母安置纔一同歸房公子一進門便見堂屋裡那張八仙桌上設着絕精緻的一席菓子說道原來你姊妹今日還有這番盛設只是酒多了這便怎樣金玉姊

妹纔把他兩個今晚所以設這席酒的意思說出來公子道既如此倒不可辜負雅意說着便各各寬衣卸妝洗盞更酌先是何小姐說道我來了不差甚麼兩年了從沒見老爺子像今兒個這等高興張姑娘道別說姐姐呀妹妹比姐姐多來着一年呢今日也是頭一遭兒見哪公子道別說妹妹呀連哥哥比你兩個多來着不差甚麼二十年今日還是頭一遭兒見呢張姑娘道這句話合我說的起台人家姐姐可說不起呀沒聽見說過嗎姐姐從抓週兒那天就見過公公了人家比你還大着一歲呢何小姐道誰叫人家探花了呢哥哥就哥哥罷如今只講這席酒原

是為給爺賀喜接風我們負荊請罪請爺開酒而說的不想二位老人家今日這等高興把我們倆這麼齣好戲給先點了如今酒是開了可還用我們倆一個人背上根荊條棍兒賠個不是不用呢他兩個這話不是閑話不是頑話眞是樂的從心窩兒裡掏出來的幾句老實話公子聽了倒有些不安連道惶恐惶恐我安龍媒不有二卿焉有今日你不聽見方纔老人家代我作的那合歡盃上兩句銘詞道是以誌吾過且旌善人這話今後快休提起何小姐道既如此把妹妹那個合歡盃拿來你再喝那麼一盅就算領了我們的情了公子大喜便說道既曰合歡這酒

沒一個人喝的理我三個人喝個傳盃送盞何如說着便用那個合歡盃斟了滿滿的一杯他夫妻果然一酬一酢的飲乾便把那桌菓子分給兩個嬷嬷以至本屋裡了頭女人吃去何小姐又揀了幾樣可吃的叫人給長姐兒送去他小夫妻三個烟茶漱盥一切事畢便吩咐了髮鈎懸翠帳屏掩華燈各各就寢一宿無話且住列公可知這一宿無話四個字怎的個講法這四個字久已作了小說部中千人一面的流口常談請教這伴香瓣香二位女史合那位伴瓣主人的這一宿一邊正當王事賢勞馳驅偃仰之餘一邊正在牆東思服展轉反側之後所謂今夕何夕

安得無話然而難言也從來作史者法貴誅心筆能鑄鐵所以彰癉寓奪一字在所必爭試設身處地替這一宿的安龍媒作想果能作個戒慎乎其所不睹恐懼乎其所不聞的愼獨君子乎將二者不可得兼舍魚而取熊掌乎抑或且學個先進於禮樂的野人再學那後進於禮樂的君子乎否則竟公然照園好事嬌嗔試玉郎那日夫子自道的居之安則資之深資之深則取之左右逢其源乎皆非天理人情也然則除了一宿無話這四個字之外還用那燕北閒人替他怎的個斡旋所以只有老氣橫秋大書而特書曰一宿無話非他講得口滑寫得手溜此龍門法也這正是深院好栽連理樹重幃雙護比肩人要知後是何如下回書交代